AF540358

अण्णा भाऊ साठे

अण्णा भाऊ साठे का जन्म 1 अगस्त, 1920 ई. को वाटेगाँव (सांगली), महाराष्ट्र में हुआ।

प्रमुख कृतियाँ : *अकलेची गोष्ट, खापर्या, कलंत्री, बिलंदर बुडवे, बेकायदेशीर, शेटजीचं इलेक्शन, पुढारी मिळाला, माझी मुंबई, देशभक्त घोटाळे, दुष्काळात तेरावा, निवडणुकीतील घोटाळे, लोकमंत्र्याचा दौरा, पेंग्याचे लगीन* (लोकनाट्य); *इनामदार, पेंग्याचं लगीन, सुलतान* (नाटक); *आग, आघात, अहंकार, अग्निदिव्य, कुरूप, चित्रा, फुलपाखरू, वारणेच्या खोर्यात, रत्ना, रानबोका, रूपा, संघर्ष, तारा, गुलाम, डोळे मोडीत राधा चाले, ठासलेल्या बंदुका, जिवंत काडतूस, चंदन, मूर्ती, मंगला, मथुरा, मास्तर, चिखलातील कमळ, अलगूज, रानगा, माकडीचा माळ, कवडयाचे कणीस, वैजयंता, धुंद रानफुलाचा, आवडी, वारणेचा वाघ, फकिरा, वैर, पाझर, सैरसोबत* (उपन्यास); *बरबाद्या कंजारी, चिरानगरची भुतं, निखारा, नवती, पिसाळलेला माणूस, आबी, फरारी, भानामती, लाडी, कृष्णाकाठच्या कथा, खुळंवाडी, गजाआड, गुर्हाळ* (कहानी-संग्रह); *गण, महाराष्ट्रची परंपरा, स्तालिनग्राडचा पोवाडा, अमळनेरचे अमर हुतात्मे, पंजाब-दिल्लीचा दंगा, बंगालची हाक, एकजुटीचा नेता, महाराष्ट्रवरूनी, टाक ओवाळून काया, रवि आला लावुनी तुरा, शिवारी चला, दुनियेची दौलत सारी, माझी मैना गावावर राहिली, जग बदल घालुनी घाव!, जग बदल घालुनी घाव!, मुंबईची लावणी* (पोवाडा); *माझा रशियाचा प्रवास* (यात्रा-वृत्तांत)। इनके कई उपन्यासों पर फिल्में भी बनीं।

निधन : 18 जुलाई, 1969; मुम्बई (महाराष्ट्र)।

डॉ. सदानन्द भोसले

सदानन्द भोसले का जन्म वाघोली, लातूर (महाराष्ट्र) में हुआ।

प्रमुख कृतियाँ : *विशुद्ध हिन्दी भाषा, साहित्य और मानवीय संवेदना, हिन्दी नाट्य विमर्श, आधुनिक काव्य, आधुनिक हिन्दी नाटक, असग़र वजाहत के मंचीय नाटक* (आलोचना)।

कई पुस्तकों का सम्पादन। मराठी से हिन्दी में अनुवाद : *घुमक्कड़ी, छत्रपति राजा शिवाजी महाराज* (शीघ्र प्रकाश्य)

सम्प्रति : प्रोफेसर एवं अध्यक्ष, हिन्दी विभाग, सावित्रीबाई फुले पुणे विश्वविद्यालय, पुणे (महाराष्ट्र), अध्यक्ष, हिन्दी अध्ययन मंडल, सावित्रीबाई फुले पुणे विश्वविद्यालय, पुणे (महाराष्ट्र)

सम्पर्क : skbhosale3131@gmail.com

मेरी रूस यात्रा

अणणा भाऊ साठे

अनुवाद

डॉ. सदानन्द भोसले

राजकमल पेपरबैक्स

मूल मराठी पुस्तक *माझा रशियाचा प्रवास* का हिन्दी अनुवाद।

राजकमल पेपरबैक्स में
पहला संस्करण : 2021
This book is printed on **Print on Demand** Technology : 2024

राजकमल पेपरबैक्स : उत्कृष्ट साहित्य के जनसुलभ संस्करण

राजकमल प्रकाशन प्रा. लि.
1-बी, नेताजी सुभाष मार्ग, दरियागंज
नई दिल्ली-110 002
द्वारा प्रकाशित

शाखाएँ : अशोक राजपथ, साइंस कॉलेज के सामने, पटना-800 006
पहली मंजिल, दरबारी बिल्डिंग, महात्मा गांधी मार्ग, प्रयागराज-211 001
1, अनमोल सोराबजी संतुक लेन, धोबी तलाव, मरीन लाइंस, मुम्बई-400 001
वेबसाइट : www.rajkamalprakashan.com
ई-मेल : info@rajkamalprakashan.com

मूल्य : ₹ 199

MERI ROOS YATRA
Travelogue by Anna Bhau Sathe
Translated by Dr. Sadanand Bhosale

ISBN : 978-81-950995-0-4

क्रम

भूमिका

अण्णा भाऊ साठे का मूल नाम तुकाराम भाऊराव साठे था। लेकिन लोगों में साहित्य सम्राट, लोकशाहीर, अण्णा भाऊ नामों से ही प्रचलित थे। उन्होंने विभिन्न साहित्यिक विधाओं में लेखन किया है, जैसे— लोकनाट्य, नाटक, उपन्यास, कहानी-संग्रह, शाहीर पुस्तक, पोवाडे, यात्रा वर्णन आदि। अण्णा भाऊ का जन्म 1 अगस्त, 1920 ई. में सांगली जिले के वाटेगाँव (तहसील : वाळवा, जिला : सांगली, महाराष्ट्र) में एक उपेक्षित मातंग समुदाय में हुआ था। उनके पिता का नाम भाऊ सिद्धोजी साठे और उनकी माता का नाम वालबाई था। वह अपने पिता के साथ सन् 1932 में मुम्बई आए। उन्होंने जीवन जीने के लिए कोयला बेचने का काम किया तो मुम्बई के मोरबाग मिल्स में झाड़ू लगाने की नौकरी भी की। उन्होंने मुम्बई में श्रमिकों के कठिन और दयनीय जीवन को नजदीक से देखा। हड़तालों और जुलूसों को देखने के बाद मजदूरों की लड़ाई की भावना को भी महसूस किया। सन् 1936 में भारतीय कम्यूनिस्ट पार्टी के नेता कॉ. श्रीपाद अमृत डांगे के प्रभाव में आकर वे कम्यूनिस्ट पार्टी के सक्रिय सदस्य बन गए। मुम्बई में उन्होंने डॉ. बाबासाहेब आंबेडकर से लेकर स्वातंत्र्यवीर सावरकर तक कई नेताओं के भाषण सुने। वह पार्टी का काम भी

कर रहे थे, लेकिन अपने पिता की मृत्यु के बाद, परिवार की सारी जिम्मेदारी उन पर आ गई और वे अपने गाँव लौट आए। वहाँ उन्होंने अपने चचेरे भाई बापू साठे के थिएटर में काम करना शुरू किया। मुम्बई लौटने पर उन्हें मैक्सिम गोर्की का साहित्य पढ़ने को मिला और यहीं से साहित्य लिखने की प्रेरणा मिली।

अण्णा भाऊ ने संयुक्त महाराष्ट्र आन्दोलन में सक्रिय भाग लिया था। उन्होंने महाराष्ट्र के आन्दोलनकारियों को एकजुट करके संघर्ष के लिए प्रेरित किया। वे गरीबी और अकेलेपन से जूझते रहे। उनकी मृत्यु 18 जुलाई, 1969 को गोरेगाँव (मुम्बई) में हुई।

अण्णा भाऊ साठे एक सक्रिय कॉमरेड थे, इसलिए उनकी दिली इच्छा थी कि कुछ भी करके जीवन में एक बार सोवियत संघराज्य देखा जाए। वे अपनी 'मेरी रूस यात्रा' यात्रा वर्णन के आरम्भ में ही इसे स्पष्ट करते हुए लिखते हैं—'दिन-ब-दिन यह इच्छा मेरे दिल में प्रबल हो रही थी। रूस की वह श्रमिक राज्य व्यवस्था कैसी होगी, वहाँ कॉ. लेनिन द्वारा की हुई क्रान्ति, मार्क्स का महान तत्त्वज्ञान कैसे मूर्तिमान हुआ होगा, वह नई दुनिया, नई संस्कृति, नई सभ्यता कैसे विकसित हो रही होगी, आदि विचारों से मेरा अन्त:करण गद्‌गद था। मैं दीवाना हो गया था।'

सन् 1934 ई. के दौरान उन्होंने कई जब्तशुदा पुस्तकों का अध्ययन किया था, जैसे 'रूसी क्रान्ति का इतिहास' (रशियन क्रान्तिचा इतिहास), 'कॉ. लेनिन का चरित्र' (कॉ. लेनिन चे चरित्र) आदि। इन किताबों ने उनके मन पर गहरा प्रभाव डाला था। वे पारपत्र के लिए कोशिश कर रहे थे। दो बार आवेदन किया, इस पर तत्कालीन मुम्बई प्रान्त के मुख्यमंत्री ने उन्हें फटकार लगाई थी—"हम भले लोग हैं इसलिए तुम बाहर हो। अन्यथा इस समय तुम जेल में होते...।" यह समय 1948 का था।

अण्णा भाऊ को 'पेरिस विश्वशान्ति परिषद' का निमंत्रण था,

सिने अभिनेता श्री बलराज साहनी ने पेरिस के हवाई टिकट भी ले लिए थे, बावजूद इसके वे नहीं जा सके।

सन् 1961 में 'फकीरा' शीर्षक उपन्यास को महाराष्ट्र राज्य सरकार का प्रथम पुरस्कार प्राप्त हुआ और इसी समय 'इंडो सोवियत कल्चरल सोसाइटी' ने निश्चित किया कि अण्णा भाऊ को रूस जाना चाहिए। उन्हें संस्था का पत्र प्राप्त हुआ, तब उनके पास एक रुपया भी नहीं था।

अण्णा भाऊ रूस जा रहे हैं, इस खबर का जब महाराष्ट्र की जनता को पता चला तो उनकी आर्थिक सहायता के लिए कई हाथ आगे बढ़े। इस सम्बन्ध में वे लिखते हैं—'मैं रूस जा रहा हूँ, इस बात का महाराष्ट्र की जनता को जब पता चला तब एक चमत्कार हुआ। मुझ पर पैसों की बरसात हुई। एक झटके में मेरे आधे व्यय का निवारण हो गया।'

कई समस्याओं का मुकाबला कर उन्हें पारपत्र मिला, अण्णा रूस जाने को तत्पर हुए। वे लिखते हैं—'मैं तैयार हुआ। मैं आसमान में उड़ने लगा। न देखा हुआ रूस आँखों के आगे झलकने लगा।' इसमें अण्णा की तन्मयता दिखाई देती है। उन्हें शाहीर द. ना. गव्हाणकर जी ने कई घंटे बिताकर रूस के प्रमुख स्थानों की यात्रा से पहले उनका संज्ञान कराया। अण्णा को अकेले रूस की यात्रा करना मुश्किल लग रहा था, उनका मन भावुक हो उठा, वे लिखते हैं—'क्योंकि मुम्बई से सातारा तक की यात्रा भी मैं कभी अकेले नहीं करता, फिर मैं अकेला मॉस्को जानेवाला हूँ, यह सवाल मेरे लिए बहुत ही मुश्किल था। देश, परिजन, घर से दूर अकेले जाना, यह सब मेरे लिए बहुत कठिन था।'

यह बात सूर्य की तरह सत्य है कि अण्णा भाऊ का साहित्य उनके रूस पहुँचने से पहले रूस की जनता तक पहुँच चुका था। एक प्रखर कॉमरेड के रूप में उनके विचारों और साहित्य का रूसी

जनता, चिन्तकों एवं राजनेताओं से गहरा परिचय हो चुका था। इसमें ही अण्णा भाऊ की महानता का रहस्य छिपा है। दूसरे विश्वयुद्ध में सोवियत जनता ने जो पराक्रम दिखाया था, उससे प्रभावित होकर 'स्टालिनग्राड की लड़ाई पर' उन्होंने पोवाड़ा (वीरकाव्य) लिखा था। इस सन्दर्भ में वे लिखते हैं—'मेरी प्रतिभा लाल सेना के साथ बर्लिन तक पहुँच चुकी थी। और अब मैं स्वयं मॉस्को जानेवाला था।'

परिजनों, मित्रों द्वारा सद्भावना, प्रेम, आशीर्वाद पाकर दि. 12 की रात ग्यारह बजे उनकी मुम्बई से दिल्ली की ओर यात्रा आरम्भ हुई, तो वे अपने सभी परिजनों, मित्रों एवं मातृभूमि को याद करते हुए भावुक हो उठे।

सुबह पाँच बजे पालम हवाई अड्डे पर हवाई जहाज पर पैर रखे, सूर्योदय के समय वह सांसद कॉ. एस. ए. डांगे जी के बँगले पहुँचे। उषाताई और कॉ. डांगे का उन पर बहुत स्नेह था। इसे कृतज्ञता से व्यक्त करते हुए वे लिखते हैं—'जिन हाथों ने श्रमिकों की कई पीढ़ियों का निर्माण किया और संघर्ष किया उन्हीं हाथों का मेरी पीठ से स्पर्श होते ही मेरा हृदय पर्वत समान विशाल हो गया था।'

दिल्ली हवाई अड्डे पर अन्तिम यात्री के रूप में उन्होंने 'चित्तौड़ की रानी' विमान में प्रवेश किया। उनके सहयात्री उन्हें देखकर हँस रहे थे। इसे प्रस्तुत करते हुए वह लिखते हैं—'किसी ने भी मेरी ओर ध्यान नहीं दिया। रंग काला, पहनावा सामान्य, गले में टाई ठीक नहीं, फिर मुझे सभ्य कौन कहता?' सुबह ठीक पाँच बजे 'चित्तौड़ की रानी' विमान उज्बेकिस्तान की राजधानी ताशकन्द पहुँचा। थोड़ा विश्राम कर सोवियत जेट विमान से मॉस्को की यात्रा आरम्भ हुई। अपनी इच्छा की पूर्ति एवं परिजनों की यादों में वे भावुक हो उठते हैं। लिखते हैं—'मेरा मन स्वदेश में अटका हुआ था। विमान मुम्बई से मॉस्को के दरमियान उड़ान भर रहा था। मेरी आँखों के सामने मुम्बई दिख रही थी। मेरी माँ की तस्वीर के आगे शान्ता और शकुंतला

ने एक निरंजन प्रज्वलित किया था, जो मेरे लौटने तक जलनेवाला था। मैं इसी बारे में सोच रहा था। वह दीपक जल रहा होगा, निखर रहा होगा...।'

और विमान मॉस्को पहुँचा। वे आसमान से मॉस्को शहर को देख, इसकी कीर्ति का स्मरण करते हैं।

ठहरने की व्यवस्था 'सोवियत स्काई' नामक आलीशान होटल में की गई थी। दुभाषिये के रूप में कॉ. बारनिकोव महोदय नियुक्त थे। वे अण्णा भाऊ से पूछते हैं कि "कल क्या देखनेवाले हैं?"

अण्णा जवाब देते हैं—"सबसे पहले रूस के लोग!"

स्पष्ट है कि उनकी रूस यात्रा का उद्देश्य रूस की समग्र क्रान्तिकारी समाज-व्यवस्था का निरीक्षण करना ही रहा है।

इस यात्रा के दौरान अण्णा भाऊ ने जो अनुभव किया उसे उन्होंने अपने यात्रा वर्णन के आठ अध्यायों में प्रस्तुत किया है—(1) मुम्बई से मॉस्को, (2) रूस की घुमक्कड़ी, (3) मॉस्को से लेनिनग्राड, (4) लाल तारे के नीचे, (5) बाकू की ओर, (6) सम्पन्न बाकू, (7) कला का पीहर, (8) ताशकन्द से दिल्ली।

अण्णा भाऊ ने जो रूस की यात्रा में अनुभव किया और आँखों से देखा, उसे लिखकर प्रस्तुत किया, उसमें से यहाँ हम मेरी दृष्टि से कुछ महत्त्वपूर्ण प्रसंगों को देखेंगे—जिससे पता चलेगा अण्णा की सूक्ष्म अवलोकन दृष्टि का।

अण्णा भाऊ ने बड़ी ईमानदारी से स्वीकार किया है कि उन्हें रूस-यात्रा का अवसर उनके साहित्य सृजन के कारण प्राप्त हुआ। उनका 'चित्रा' उपन्यास, 'सुल्तान' कहानी, 'स्टालिनग्राड' का पोवाडा रूसी भाषा में बहुत लोकप्रिय हुआ था। वे लिखते हैं—'मेरा 'स्टालिनग्राड' का पोवाडा (मराठी वीरगीत) भी रूसी भाषा में खूब लोकप्रिय हुआ था और मैं इस समग्र पुण्य की बदौलत रूस की घुमक्कड़ी कर रहा था।'

अण्णा भाऊ के साथ भारतीय प्रतिनिधिमंडल में दो डॉक्टर, एक विधायक, एक सॉलिसिटर, एक पियानोवादक और एक लेखक यानी स्वयं अण्णा—इस तरह छह लोग थे। जब इनसे पूछा गया कि कल से मॉस्को घूमना है, तो क्या देखेंगे? तब सबने अपनी-अपनी फरमाइश रखी, और यह एक समस्या हो गई। अण्णा से जब पूछा कि आप क्या देखेंगे तब उन्होंने कहा—"मुझे सिर्फ़ इस देश के फुटपाथ पर घूमना है।" यह सुनते ही सभी एक-दूसरे का चेहरा देखने लगे। स्पष्ट है, अण्णा भाऊ को रूसी समाज की जमीनी हकीकत देखनी थी।

दूसरे दिन भारतीय दूतावास के आमंत्रण पर वहाँ जाते समय दरवाजे में ही वे फुटपाथ पर रुक जाते हैं। सामने रास्ते की मरम्मत का काम चल रहा था। उसका वर्णन एक श्रमिक की नजर से एवं रूस की उन्नति के लिहाज से प्रस्तुत करते हुए वे लिखते हैं—'सामने रास्ते की मरम्मत का काम चल रहा था। सिर्फ पाँच आदमी वह काम कर रहे थे।...खुदाई का, मिट्टी भरने का और डांबर पिघलाकर निकालने का काम वह मोटर कर रही थी। बाकी श्रमिक सूटबूट पहनकर देखरेख कर रहे थे। हमारे यहाँ बड़े ऑफिसरों का जो ठाठ होता है, वैसा ही उनका था। वहाँ जुल्म नहीं था। गुलाम नहीं थे। वह यंत्र ही उन आदमियों का गुलाम बनकर चुपचाप काम कर रहा था।' रूस में अण्णा भाऊ की अधिकतर यात्रा विमान से ही हुई। सिर्फ़ एक यात्रा रेल द्वारा हुई। लेनिनग्राड की और बाकू से ब्लीसी तक की।

गाड़ी चल पड़ी, कोई भीड़-भाड़ नहीं, सब ओर शान्ति, लोग ताश खेल रहे हैं, बीच-बीच में हास्य विस्फोट, जेब काटनेवाला कारीगर नहीं कि टी.सी. नहीं।

मगर एक प्रसंग देखकर वे हैरान हुए—'एक खिड़की के पास एक सुन्दर युवती गर्दन झुकाकर काँच के सहारे बैठी थी। उसकी आँखें बन्द थीं, मानो अधखिली कली। उसके आगे एक पालना झूल रहा था और उस सफेद पालने में रूस का एक छोटा नागरिक

विश्राम कर रहा था। माँ की गोद में जिस तरह मनमुराद नींद लेते हैं वैसे ही वह निद्राधीन था। उसे उसके लेनिन ने सब कुछ दिया था।... क्योंकि यही बाल नागरिक बड़ा होकर मातृभूमि के लिए सौ बार बलिदान देनेवाला है।'

अण्णा भाऊ के मन में कॉ. लेनिन के विचारों के प्रति आस्था थी। लेकिन विंडसर पैलेस में कॉ. लेनिन के कमरे में हो आने के बाद वे थोड़े उदास हो जाते हैं, क्योंकि वहाँ वे कॉ. लेनिन से नहीं मिल पाए। वे लिखते हैं—'केरेन्स्की सरकार को कैद हुआ था वह कमरा और सोवियत स्थापना का स्थान देखकर हम सब ने कॉ. लेनिन के कमरे में प्रवेश किया। मन में उदासी छा गई क्योंकि इतनी दूर आए लेकिन वह अक्तूबर क्रान्ति का पिता वहाँ पर नहीं था। वह कमरा, कुर्सी, मेज, टाक, दवात और उनका फोन आदि सारी चीजें देखने के बाद ऐसा प्रतीत होता है कि कॉ. लेनिन अपने कमरे में विश्राम कर रहे हैं। मन दौड़कर अन्दर के कमरे में घुस जाता है, किन्तु कॉ. लेनिन वहाँ दिखाई नहीं देते हैं। उनका वह पलंग अकेला ही उनकी राह ताक रहा है, यह देख मन मुरझा जाता है, आँखें नम हो जाती हैं और कॉ. लेनिन का कमरा देख लिया, इसी में सन्तुष्ट होना पड़ता है।'

रूसी समाज की इतिहासप्रियता को उन्होंने अपनी आँखों से अनुभव कर लिया था, देख लिया था, और बहुत प्रभावित हुए थे। 'शान्ति उद्यान' देखा जो 'शहीद स्मारक' है। 'लेनिनग्राड' का म्यूजियम देखा। वहाँ पर चन्द्रगुप्त से लेकर वर्तमान तक के सारे सिक्के देखे, मराठी तलवार, पट्टा, टीपू सुलतान की एक तलवार वहाँ है, उसे देखा। रूसी लोगों की इतिहासप्रियता को प्रस्तुत करते हुए वे लिखते हैं—'यह सच है कि रूसी लोग इतिहासप्रिय हैं। वे प्राचीन इतिहास का संरक्षण करते हैं। नया निर्माण करते हैं और नये इतिहास की रक्षा आँखों में तेल डालकर करते हैं...मॉस्को में

लाल तारे के नीचे 14 सितम्बर, 1960 की सुबह मैं मॉस्को शहर में टहल रहा था।'

गॉर्की रोड के आजू-बाजू का नजारा देख, वहाँ स्वच्छता देख वह प्रभावित हुए। भव्य राजपथ, सुडौल इमारतें, पेड़-पौधे, फुटपाथ और फुलवारी—मीलों दूर तक। वे लिखते हैं—'लम्बे-चौड़े, स्वच्छ, आईने जैसे रास्ते देखकर, मॉस्को का ऐश्वर्य उस रास्ते पर विनम्रता से खड़ा है, ऐसा आभास हुआ। और किसी बगीचे में उड़नेवाली तितली की तरह आँखें नाचने लगीं।'

गॉर्की रूसी समाज की विरासत हैं जिसने दलित साहित्य और साहित्यकार का निर्माण किया और जिसे सोवियत साहित्य का पितामह माना गया। अण्णा भाऊ ने अनुभव किया कि रूस में साहित्यकारों, कलाकारों का बड़ा सम्मान किया जाता है। इसकी प्रतीति कदम-कदम पर उन्हें मिल रही थी। वे लिखते हैं—'रूस के महान साहित्यकारों को रूस की जनता ने अजरामर कर दिया है। कई पथों को, चौराहों को कलाकारों के नाम दिए हैं और उनके भव्य पुतले बनवाए हैं। उनका साहित्य और इतिहास मानो हाथ मिलाते हुए जगह-जगह पर मौजूद है। टॉलस्टॉय, पुश्किन, गॉर्की, मायाकोवस्की आदि नाम जिन्दा हो उठे हैं।'

मॉस्को के लोगों की दौड़-धूप देखकर अण्णा भाऊ उलझन में फँस गए। उन्हें समझ में नहीं आ रहा था कि यहाँ के बच्चे, युवा और बूढ़े सब दौड़ क्यों रहे हैं? वहाँ के नागरिकों से जब उन्होंने पूछा कि आप क्यों दौड़ रहे हैं? तब उन चतुर लोगों ने जवाब दिया—"हमें हमारी सप्तवार्षिक योजना जल्द ही पूर्ण करनी है।"

यह सुनकर वे हक्के-बक्के रह गए। उन्हें रूसी लोगों की आत्मा का परिचय प्राप्त हुआ। समाजवाद का यश वहाँ की जनता के विचारों की गहराई में है। वहाँ का प्रत्येक नागरिक अपना हर कदम देशहित में रखता है। उसकी नजर भविष्य पर लगी है। वे लिखते

हैं—'मॉस्को में मुझे जो मित्र मिले, उनमें फोटोग्राफर, मोटर ड्राइवर, बगीचे में श्रम करनेवाले, होटल में काम करनेवाली लड़कियाँ, लिफ्ट चलानेवाली वृद्ध महिलाएँ आदि मित्रों से ही मुझे रूसी लोगों की आत्मा का परिचय हुआ।'

अण्णा भाऊ ने अनुभव किया कि रूसी लोग स्वच्छता के बारे में जितने सचेत हैं उतने ही महापुरुषों के विचारों, व्यक्तित्वों के बारे में भी सचेत हैं, गम्भीर हैं। वे लिखते हैं—'मॉस्को के गॉर्की पथ को गन्दा करना यानी देश की बेइज्जती करने का पाप माना जाता है। स्टॉलिनग्राड के स्मारकों के बारे में किया हुआ अनादर उन्हें अच्छा नहीं लगता। कॉ. लेनिन और स्टालिन, ये नाम उन्हें बहुत प्रिय हैं। वे उनके वीर योद्धा हैं। लेनिन नाम का उच्चारण वे बहुत ही सम्मान एवं ध्यान से करते हैं।'

सोवियत संघराज्य में बाकू शहर चौथे पायदान पर है (मॉस्को, लेनिनग्राड, खार्कीव और बाकू)। बाकू शब्द का अर्थ है 'अग्नि'। बाकू शहर के आजू-बाजू में हजारों तेल के कुएँ हैं। तेल यानी आग। यहाँ के लोग बहुत परिश्रमी हैं। अण्णा भाऊ वहाँ की एक मसजिद को देखकर वहाँ की धार्मिक स्वतंत्रता का अनुभव पाते हैं।

बाकू से 180 कि.मी. दूरी पर सामुदायिक खेती देखते हैं। किसानों की बेहतर स्थिति देखकर बहुत प्रभावित होते हैं। आर्थिक समता का अनुभव करते हैं। वे लिखते हैं—'वह एक किसान का घर था। उनमें से पाँच खेती में काम करते थे और पाँच बच्चे पाठशाला में पढ़ते थे। इस घर में मुझे दो रेडियो, एक टेलीविजन और एक टेलीफोन दिखाई दिया। हर एक के लिए अलग-अलग कमरा, पलंग, गद्दियाँ, आईने आदि देखकर मुझे हमारे यहाँ के पुराने सरदारों का ऐश्वर्य याद आया।'

अण्णा भाऊ ने अनुभव किया कि रूसी समाज में उन्हें दुर्बल, निकम्मा, भिखारी, भूखा, आलसी आदमी नजर नहीं आया। इसकी

वजह वे वहाँ के समाजवाद मानते हैं। वे लिखते हैं—'कॉ. लेनिन ने वहाँ समाजवादी दुनिया निर्मित की है। वह मुझे स्वप्न-दृष्टि के समान लग रही थी और स्वप्न-सृष्टि में मैं यात्रा कर रहा था।' रूसी लोग जितना प्रेम कारखानों में श्रम से करते हैं, उतना ही कला से भी। रूसी आदमी बहुत ही कलाप्रेमी हैं, इसका अनुभव उन्हें मॉस्को के प्रख्यात 'बोल्शीवी थिएटर' में हुआ। वहाँ उन्होंने 'पत्थर के फूल' ऑपेरा देखा।

ताशकन्द, उज्बेकिस्तान राज्य का शहर है जो सोवियत संघराज्य में शामिल हुआ। यहाँ के वीरान रेगिस्तान में नन्दनवन फूलने लगा, यहाँ के लोगों के श्रम से रेत में सोने की फसल लहलहाई। यहाँ का समाज बहुत प्रगतिशील है। बुरका पद्धति खत्म हुई। उज्बेकिस्तान राज्य की अध्यक्ष एक महिला थीं। यहाँ के लोग कलाप्रेमी हैं। सुप्रसिद्ध साहित्यकार कॉ. नबी मोहम्मद से अण्णा भाऊ की मुलाकात होती है, जो हिन्दी, उर्दू, अरेबिक, फ्रांसीसी, जर्मन और रूसी भाषा के ज्ञाता हैं। उन्होंने भारतीय उर्दू कवि सरदार जाफ़री की कविताओं का उज्बेकिस्तानी भाषा में अनुवाद भी किया है।

ताशकन्द में अण्णा को 'दिलाराम' नामक सुन्दर नाटक देखने का अवसर प्राप्त हुआ। इस नाटक की कथावस्तु में एक गुलाम लड़की एक जुल्मी राजा को परास्त करती है। यह सच्चे प्रेम के लिए आत्मबलिदान की कहानी है। यह कहानी हर दृष्टि से समाज के लिए प्रेरक है। यह नाटक देखने के बाद कॉ. नबी ने अण्णा से पूछा कि "नाटक कैसा लगा?" तब जवाब में उन्होंने कहा—"यह नाटक सच्चे प्रेम का एक भव्य स्मारक है और यह भव्य स्मारक सोवियत सरकार ने लाखों रूबल खर्च करके निर्मित किया है। यह देश कला का पीहर है।"

ताशकन्द में 'स्तालिन सामुदायिक खेती' का अद्भुत अनुभव उन्हें बहुत ही प्रभावित करता है। वहाँ की अंगूर की खेती, किसानों

के लिए हाईस्कूल, दवाखाना, जानवरों का दवाखाना, प्रसूतिगृह, गायों का दूध निकालने के यंत्र, औजार तथा अन्य यंत्र-तंत्र देख वे आश्चर्यचकित रह गए।

रूसी लोग शान्तिप्रिय हैं। इसकी अनुभूति भी उन्हें होती है। वे युद्ध नहीं चाहते। इसका मतलब यह नहीं कि यहाँ की जनता दुर्बल है, वे लोग महान और शक्तिशाली हैं।

रूसी जनता भारत को सच्चा मित्र मानती है। वे भारतीय संस्कृति का बारीकी से अध्ययन कर रहे हैं। ताशकन्द में अण्णा भाऊ एक हिन्दी पाठशाला में छात्रों की हिन्दी भाषा की पढ़ाई देख दंग रह जाते हैं। एक मार्मिक प्रसंग को प्रस्तुत करते हुए वे लिखते हैं—'एक सुन्दर लड़की ने मुझे लाल गुलाब के पुष्प दिए और कहा, "हमारे देश के यह पुष्प आप भारत ले जाइए और भारत की आजादी के लिए जिन वीरों ने आत्मबलिदान किया है, उनके समाधि-स्थल पर अर्पण कीजिए..." स्पष्ट है रूसी लोगों को स्वतंत्रता शब्द बहुत प्रिय है। जो लोग गुलामी की बेड़ियों से जकड़े हुए हैं, उनके प्रति अत्यन्त आदर एवं आस्था है।'

यात्रा वर्णन के अन्त में अण्णा भाऊ ने पूर्वदीप्ति शैली का सुन्दर प्रयोग किया है। ताशकन्द से दिल्ली विमान यात्रा के दौरान वे पूर्वदीप्ति शैली में भूत और वर्तमान को अभिव्यक्ति देते हैं, जो इस यात्रा वर्णन को अत्यन्त प्रभावी एवं रसमय बनाता है, चरमोत्कर्ष पर ले जाता है। वे लिखते हैं, 'ग्यारह वर्ष की आयु में मैं मुम्बई पहुँच रहा था। हमारा परिवार पड़ाव बदलते हुए, हर कोस गिनते हुए मुम्बई की ओर कूच कर रहा था। किराए के लिए पैसे नहीं थे, इसलिए हम पैदल जा रहे थे। मेरे पैरों में सूजन आ गई थी। दो सौ सत्ताईस मील की दूरी पार करने में हमें दो महीने लगे थे। और अब मैं दो मिनट में दसों मील छलाँग लगा रहा था। तीस हजार फुट से भी ज्यादा ऊँचाई पर हमारा विमान उड़ान भर रहा था। मैं नीचे देख

रहा था। हिमालय के मस्तक पर प्रकृति ने हिमवर्षा आरम्भ कर दी थी। और वह महान गिरिराज हमारी सरहद पर अपने अनन्त बाहु फैलाकर दृढ़ता से खड़ा था। उसका वह रूप और सोवियत रूस की स्मृति को मैं कभी नहीं भूलूँगा। नहीं, उसे भूलना असम्भव है।'

रूस की यात्रा को अण्णा भाऊ अपने जीवन की सफलता मानते हैं। वे एक सच्चे कॉमरेड थे। कॉ. लेनिन की भूमि पर उन्हें जीवन की नई दृष्टि प्राप्त हुई थी, जो रिक्तता थी वह पूर्ण हुई थी। वे लिखते हैं—'रूस में मैंने नई सृष्टि देखी। एक नया समाज देखा। समाजवाद की छाया में पले-बढ़े बच्चे और फूल देखे। यानी मैंने सोवियत देश नहीं देखा होता तो मेरे जीवन में एक बहुत बड़ा खालीपन रह गया होता।'

अण्णा भाऊ ने 'मेरी रूस यात्रा' शीर्षक यात्रा वर्णन में अपने साहचर्य में आए पात्रों का बहुत ही सुन्दर एवं संवेदनापूर्ण चित्रण किया है। इस चित्रण में उनमें बसा हुआ साहित्य-सर्जक बहुत ही उच्चकोटि का दिखता है। तात्पर्य यह कि वे बहुत ही सहज किन्तु उच्चकोटि के रचनाकार हैं। फोटोग्राफर लिओनिद का चरित्र बहुत ही स्वाभाविक ढंग से उन्होंने चित्रित किया है। मॉस्को में पहले दिन से उनका वह मित्र जो बना था। संवाद शैली में बड़ी सुन्दरता से लिओनिद का व्यक्तित्व पाठकों के सामने अण्णा भाऊ मूर्त करते हैं—

चलते-चलते मैंने लिओनिद से पूछा,

"आपकी उम्र क्या है?"

"इक्कीस," उसने जवाब दिया।

"काम क्या करते हो?"

"फोटो," कहते हुए उसने कैमरा आगे किया।

"पिताजी क्या काम करते हैं?" मेरे इस सवाल पर वह गम्भीर हुआ। मानो हृदय में पीड़ा हो रही हो, उसके चेहरे पर ऐसे भाव दिखाई दिए। गम्भीर भाव झलकने लगे। सन्तुलित शब्दों में उसने

कहा, "साते जी, मेरे पिताजी सोवियत देश की रक्षा करते हुए युद्ध में शहीद हुए हैं।"

"तो फिर आप वीर पुत्र हैं," मैंने कहा और वह हँस पड़ा।

"शादी हुई है क्या?" उसकी गम्भीरता को एकदम से मैंने निकाल फेंका।

हँसते हुए उसने जवाब दिया,

"शादी नहीं हुई, पर जल्द ही होनेवाली है।"

"आपकी होनेवाली पत्नी कैसी है?" मैंने जानबूझकर पूछा।

वह बताने लगा, "साते जी मेरी पत्नी खूब-खूब सुन्दर है और गुणवान भी। मैं भाग्यवान हूँ इसलिए वह मुझे मिली है।"

"वाकई, तुम्हारी भावी पत्नी पर तुम्हारा प्रेम है?" मेरा यह सवाल सुनकर वह फिर गम्भीर हुआ और तुरन्त अपने हृदय पर हाथ रखकर 'हाँ' कहा। इस चरित्र द्वारा अण्णा भाऊ ने रशियन युवकों की जीवन के प्रति, प्रेम भाव के प्रति जो दृढ़ता है, उसे समझाया है।

अण्णा भाऊ को अपने महाराष्ट्र की मिट्टी के प्रति बहुत लगाव था, आत्मीयता का भाव था। इसका भी परिचय इस यात्रा-वर्णन में प्राप्त होता है। उन्होंने मॉस्को में पहला भाषण मराठी में दिया। इस प्रसंग को प्रस्तुत करते हुए वे लिखते हैं—'शायद मराठी में होनेवाला यह भाषण आप पहली बार सुन रहे होंगे। भारत में महाराष्ट्र राज्य ही ऐसा है जहाँ साढ़े तीन करोड़ लोग मराठी बोलते हैं और वे लोग भी आपके जैसे नेक और जाँबाज हैं। आपका अफानासी भारत गया था, तब उसने पहला कदम मेरी मराठी भूमि पर, महाराष्ट्र राज्य में, शिवाजी राजा की मातृभूमि पर रखा था। उस राज्य की मराठी में मैं बोल रहा हूँ।'

अण्णा भाऊ की भाषा व्यंग्यपूर्ण है। सहज, सरल भाषा में वे गहरा व्यंग्य-प्रहार करने में कुशल हैं, सिद्धहस्त लेखक हैं। लेनिनग्राड की रेल यात्रा का वर्णन करते हुए, वे वहाँ के रेलवे स्टेशन की

तुलना बोरीबन्दर स्टेशन से करते हुए जो व्यंग्य प्रस्तुत करते हैं, वह इतना स्वाभाविक है कि पाठक को सोचने पर मजबूर कर देता है। वे लिखते हैं—'मुझे यह रेल यात्रा अजीब-सी लग रही थी। मुझे एकदम बोरीबन्दर स्टेशन याद आया। वह भीड़, वह शोर, वह भागदौड़, वे झगड़े, डब्बे में खचाखच भरे हुए लोग, उनका हो-हल्ला करना और 'बोल बम्बादेवी जय' यह सब मेरे रोम-रोम में बसा हुआ है। मैं इसे कैसे भूलूँ?

'उस स्टेशन में इस तरह का कुछ भी नहीं था। सब कुछ शान्त-शान्त लग रहा था। प्लेटफार्म पर जली हुई माचिस तक नहीं थी। जली हुई सिगरेट नहीं थी, फिर बेचारी बीड़ी कहाँ से आएगी! उस स्टेशन में पोस्टरों की भीड़ नहीं थी। और जो थे बहुत स्वच्छ थे।

'यह सब देखकर मैंने कल्पना की कि, यहाँ थूकना मना है, ऐसा पोस्टर लगवाते ही उस पर पान खाकर थूकनेवाले प्राणी रूस में नहीं होंगे। वर्ना इतना सुन्दर पोस्टर घाटकोपर में इतने आराम से कैसे रह पाता? कभी का तार-तार हो गया होता। पोस्टर पर मीना कुमारी को मूँछ लगानेवाले और पृथ्वीराज की मूँछ मुँड़वानेवाले कलाकारों ने कब का अपनी कला का प्रदर्शन कर दिखाया होता!'

निष्कर्षत: अण्णा भाऊ की कलम में स्वानुभूति की धार है, भाषा में लोक जीवन की महक है, वे शब्दों के जादूगर हैं, सहज-सरल, प्रवाही भाषा द्वारा चरित्र-चित्रण को मनोवैज्ञानिक आधार पर प्रस्तुत करने में अण्णा भाऊ माहिर, सजग लेखक हैं। उनमें निरीक्षण की अद्‌भुत क्षमता है, जो उनके जीवनानुभवों से सिद्ध हुई है। कहीं पर भी वर्णन में अतिशयोक्ति एवं अस्वाभाविकता नहीं है। मनुष्य को सार्वकालिक दृष्टि से देखने का उनका नजरिया विशेष है।

अण्णा भाऊ ने मनुष्य को मनुष्य के रूप में देखा, समझा और प्रस्तुत किया है। यह दृष्टि उन्हें मार्क्सवादी दर्शन से प्राप्त हुई है। मार्क्स के समय में और बाद में भी श्रमिकों, किसानों, पद दलितों

एवं सर्वहारा व्यक्ति तथा समाज की लड़ाई के रास्ते पर उतरकर लड़नेवाला, उनका हित सोचनेवाला एकमात्र दर्शन है कम्यूनिज्म। यदि हम उसे तटस्थ रहकर विश्लेषित करेंगे तो इस तथ्य को अस्वीकार नहीं करेंगे। यह सूर्य-सत्य है कि श्रम का उचित मूल्य, सामाजिक समता, धर्म, जाति, वर्ण, प्रान्त आदि से मुक्त सार्वकालिक मानव समाज की सोच एवं कामना मार्क्स के तत्त्वज्ञान ने प्रस्तुत की है। इन्हीं विचारों से अण्णा भाऊ बहुत प्रभावित थे।

अण्णा भाऊ का समस्त लेखन इस प्रकार है :

लोकनाट्य : अकलेची गोष्ट, खापन्या चोर, कलंत्री, बिलंदर बुडवे, बेकायदेशीर, शेटजीचं इलेक्शन, पुढारी मिळाला, माझी मुम्बई, देशभक्त घोटाळे, दुष्काळात तेरावा, निवडणुकीतील घोटाळे, लोकमंत्र्याचा दौरा, पेंग्याचे लगीन।

नाटक : इनामदार, पेंग्याचं लगीन, सुलतान।

उपन्यास : आग, आघात, अहंकार, अग्निदिव्य, कुरूप, चित्रा, फुलपाखरू, वारणेच्या खोन्यात, रत्ना, रानबोका, रूपा, संघर्ष, तास, गुलाम, डोळे मोडीत राधा चाले, ठासलेल्या बन्दुका, जिवंत काडतूस, चंदन, मूर्ती, मंगला, मथुरा, मास्तर, चिखलातील कमळ, अलगूज, रानगंगा, माकडीचा माळ, कवडयाचे कणीस, वैजयंता, धुंद रानफुलाचा, आवडी, वारणेचा वाघ, फकिरा, वैर, पाझर, सैरसोबत।

कहानी संग्रह : बरबाद्या कंजारी, चिरानगरची भुतं, निखारा, नवती, पिसाळलेला माणूस, आबी, फरारी, भानामती, लाडी, कृष्णाकाठच्या कथा, खुळंवाडी, गजाआड, गुन्हाळ।

शाहीर पुस्तक : शाहीर।

पोवाडा : गण, महाराष्ट्रची परंपरा, स्तालिनग्राडचा पोवाडा, अमळनेरचे अमर हुतात्मे, पंजाब-दिल्लीचा दंगा, बंगालची हाक, एकजुटीचा नेता, महाराष्ट्रवरूनी टाक ओवाळून काया, रवि आला लावुनी तुरा, शिवारी चला, दुनियेची दौलत सारी, माझी मैना

गावावर राहिली, जग बदल घालुनी घाव!, मुम्बईची लावणी।

यात्रा वर्णन : माझा रशियाचा प्रवास।

उपन्यास पर आधारित फिल्में : वैजयंता पर आधारित फिल्म 'वैजयंता', दिग्दर्शक गजानन जागीरदार; आवडी पर आधारित फिल्म 'टिळा लावतो मी रक्ताचा', दिग्दर्शक वसंत पेंटर; माकडीचा माळ पर आधारित फिल्म 'डोंगराची मैना', दिग्दर्शक अनन्त माने; चिखलातील कमळ पर आधारित फिल्म 'मुरली मल्हारी रायाची', दिग्दर्शक गोविन्द कुलकर्णी, दत्तराम गायकवाड; वारणेचा वाघ पर आधारित फिल्म 'वारणेचा वाघ', दिग्दर्शक वसंत पेंटर; अलगूज पर आधारित फिल्म 'अशी ही सातान्याची तन्हा', दिग्दर्शक मुरलीधर कापडी; फकिरा पर आधारित फिल्म 'फकीरा', दिग्दर्शक कुमार चन्द्रशेखर। इस प्रकार अण्णा भाऊ बहुमुखी प्रतिभासम्पन्न लेखक थे।

किसी भी साहित्य के मूल्यांकन का एवं श्रेष्ठता को नापने का पैमाना मानवीय मूल्य होते हैं। अण्णा भाऊ के इस यात्रा वर्णन में एवं उनके समग्र साहित्य में मानवीय मूल्यों का स्थान सर्वोपरि रहा है। उनका साहित्य श्रमिक विश्व मानव की पीड़ा, वेदना एवं मुक्ति की कामना करता है, प्रगतिशील सोच प्रस्तुत करता है, चेतनाहीन आत्माओं में प्राण फूँकता है।

1 अगस्त, 2020 **—प्रो. सदानन्द भोसले**

मेरी रूस यात्रा

1

मुम्बई से मॉस्को

मेरी दिली इच्छा थी कि चाहे जो कुछ भी हो किन्तु एक बार सोवियत संघराज्य को जरूर देखना चाहिए। दिन-ब-दिन यह इच्छा मेरे दिल में और प्रबल हो रही थी। रूस की वह श्रमिक-राज्य व्यवस्था कैसी होगी, वहाँ कॉ. लेनिन द्वारा सम्पन्न क्रान्ति, मार्क्स का महान तत्त्वज्ञान कैसे मूर्तिमान हुआ होगा, वह नई दुनिया, नई संस्कृति, नई सभ्यता कैसे विकसित हो रही होगी, आदि विचारों से मेरा अन्त:करण गद्गद हो रहा था। मैं दीवाना हो गया था।

सन् 1934 के दौरान मैंने कई जब्तशुदा पुस्तकें पढ़ी थीं। 'रूसी क्रान्ति का इतिहास' (रशियन क्रांतीचा इतिहास), 'कॉ. लेनिन का चरित्र' (कॉ. लेनिनचे चरित्र) आदि किताबों ने मेरे मन पर गहरा असर डाला था। और इसलिए मैं रूस देखने के लिए बेचैन हो रहा था। मैंने सोच लिया था कि कुछ भी करके एक बार रूस की ओर अग्रसर होना चाहिए। मैं कोशिश कर रहा था। पारपत्र के लिए दो बार आवेदन भी करके देखा। पर उस वक्त मुम्बई राज्य के मुख्यमंत्री बहुत ही सख़्त थे! उन्होंने यकीन दिलाते हुए मुझे फटकार दिया कि, हम भले लोग हैं इसलिए तुम बाहर हो। अन्यथा इस समय तुम जेल

में होते...यह समय 1948 का था। उस वक्त मेरे मित्र सिने अभिनेता श्री बलराज साहनी ने पेरिस तक का मेरा टिकट भी ले लिया था। हालाँकि पेरिस में होनेवाली विश्वशान्ति परिषद का मुझे निमंत्रण आया था; बावजूद इसके मैं नहीं जा पाया।

सन् 1961 में 'फकीरा' उपन्यास को राज्य सरकार का प्रथम पुरस्कार प्राप्त हुआ और इसी समय इंडो सोवियत कल्चरल सोसाइटी ने तय किया कि मुझे रूस जाना चाहिए। इस संस्था का पत्र प्राप्त होते ही मैं फिर से प्रयास करने लगा; पर मेरे पास एक भी पैसा नहीं था।

किन्तु, मैं रूस जा रहा हूँ, जब इस बात का पता महाराष्ट्र की जनता को चला तो एक चमत्कार हुआ। मुझ पर पैसों की बरसात हुई। एक झटके में मेरे आधे व्यय का निवारण हो गया। बाद में कई मुसीबतों का मुकाबला करने के बाद मुझे रूस जाने के लिए पारपत्र भी मिल गया। मैं तैयार हुआ। आसमान में उड़ने लगा। न देखा हुआ रूस मेरी आँखों के आगे झलकने लगा।

शाहीर द. ना. गव्हाणकर जी ने मेरे साथ कई घंटे बिताकर रूस के प्रमुख स्थानों का संज्ञान कराया, बात करने का ढंग सिखाया। क्योंकि मुम्बई से सातारा तक की यात्रा भी मैं कभी अकेले नहीं करता, फिर मैं अकेला मॉस्को जानेवाला हूँ, यह सवाल मेरे लिए बहुत ही मुश्किल था। देश, परिजन, घर से दूर अकेले जाना यह मेरे लिए बहुत ही कठिन था।

दूसरे विश्वयुद्ध में सोवियत जनता ने पराक्रम की पराकाष्ठा दिखाई थी। इसलिए मैंने बहुत ही प्रभावित होकर स्टालिनग्राड की लड़ाई पर पोवाडा (वीर काव्य) लिखा था। मेरी प्रतिभा लाल सेना के साथ बर्लिन तक पहुँच चुकी थी। और अब मैं स्वयं मॉस्को जानेवाला था। इंडो सोवियत कल्चरल सोसाइटी प्रतिनिधिमंडल में मेरा चयन हुआ था, मुझे मुम्बई से दिल्ली तक अकेले ही जाना था, फिर अन्य सदस्यों से भेंट होनेवाली थी। इनमें से किसी से भी मेरा परिचय नहीं था।

घर से हवाई अड्डे तक मेरे कई मित्रों ने और परिजनों ने मुझ पर पुष्पों की बरसात की। आशीर्वाद दिए। हवाई अड्डे तक कई दोस्त आए। उन्हें बहुत ही खुशी हुई थी। किन्तु मैं थोड़ा डरा हुआ था। मॉस्को तक की यात्रा और वह भी हवाई जहाज से, इसी कल्पना से मेरा दिल धड़क रहा था। मेरे मित्र मुझे एक-एक सूचना दे रहे थे। एक ने कहा, "आप रूस में जितनी झोंपड़ियाँ हैं, सब देखकर आइएगा!"

एक ने कहा, "पुल के नीचे कितने लोग रहते हैं, इसकी भी ध्यान से जाँच-पड़ताल करिएगा!"

एक ने गम्भीर चेहरा बनाकर कहा, "इस्पात के परदे का मुटापा कितना है, ध्यान से देखिएगा!"

और भी कई सुझाव आए। वर्णभेद...व्यक्ति-स्वातंत्र्य...बेकारी..., मतलब यह कि पूर्ण रूस का अनुसंधान करके मुझे लौटना चाहिए, ऐसा ही उनका मानना था। और मैं हूँ-हूँ करके सुनता जा रहा था। मेरे सामने वह हवाई जहाज शान्ति से खड़ा था किन्तु मेरी आत्मा उड़ गई थी। हृदय की धड़कनें धक-धक कर रही थीं। इसलिए मैं खामोश था। सिर्फ हूँ कहते हुए गर्दन हिलाकर समय निकाल रहा था।

सुझाव, उपदेश, पुष्पमालाएँ, आशीर्वाद आदि को स्वीकार कर मैंने दिनांक 12 की रात को ग्यारह बजे दिल्ली की ओर वायुयान से उड़ान भरी थी। इस समय रात के गहरे अँधेरे में महाराष्ट्र की भूमि नजर नहीं आ रही थी। उसे देखने के लिए मैं कोशिश कर रहा था। हवाई जहाज की ओर जाते समय हाथ उठाकर खड़े मेरे परिजन, शंकरभाऊ, शान्ता, शकु, शाहीर द. ना. गव्हाणकर, गणपत सातपुते, श्री वैराळे, श्रीमती जयंताबाई आदि सभी की छवियाँ मेरी आँखों में तैर रही थीं। परिजन, देश, घर आदि से परदेश जाते समय कितनी पीड़ा होती है, इसकी अनुभूति इस वक्त मुझे हुई।

सुबह पाँच बजे पालम हवाई अड्डे पर मेरे हवाई जहाज ने पैर रखे और मैं निश्चिन्त हुआ।

सूर्योदय के समय ही मैं सांसद एस.ए. डांगे जी के बँगले पर पहुँचा। उस वक्त 'डी' सोये थे। सौ. उषाताई डांगे को पता चला कि मैं वहाँ पहुँचा हूँ तो उन्होंने मुस्कुराकर मेरा स्वागत किया। हमारा अण्णा मॉस्को जा रहा है, कहते हुए उन्होंने मेरी पीठ थपथपाई तो मुझे मेरी माँ की याद आ गई।

समय न गँवाते हुए, पैसे लेकर उषाताई मेरी तैयारी में जुट गईं, किन्तु मैंने मुम्बई से निकलते समय ही सारी तैयारी कर ली थी।

ताई ने पूछा, "अण्णा, कपड़े?"

"ले लिए हैं," मैंने जवाब दिया।

"बूट?" ताई ने दूसरा सवाल पूछा।

"ले लिये हैं," मैंने जवाब दिया। यह सुनकर निश्चिन्त भाव से ताई के चेहरे पर हँसी खिली और मेरे लिए और क्या-क्या खरीदना आवश्यक है, इस बारे में सोचने लगीं। दोपहर में ही ताशकन्द तक, जाने-आने का टिकट तथा वीजा मेरे हाथ में था, इसलिए मैं चिन्तामुक्त हो गया था।

दूसरे दिन जाने की तैयारी में लगा रहा। कपड़े आदि समेट लिये। उसी समय डांगे मेरे पास आए। मेरा विलायती पहनावा देखकर प्रसन्न हुए। फिर उन्होंने मेरी टाई सीधी बाँध दी। पहने हुए मेरे कोट को स्वयं ब्रश से साफ किया और पीठ थपथपाई। जिन हाथों ने श्रमिकों की कई पीढ़ियों का निर्माण किया और संघर्ष किया उन्हीं हाथों का मेरी पीठ से स्पर्श हुआ। मेरा हृदय पर्वत समान विशाल हो गया! मुम्बई में आचार्य आत्रे और दिल्ली में कॉ. डांगे का आशीर्वाद लेकर 'चित्तौड़ की रानी' नामक भारतीय विमान से मैंने आसमान में उड़ान भरी। उस समय मातृभूमि से दूर जाने का दुख और सोवियत देश देखने के सुख का विलक्षण संगम मेरे अन्तःकरण में हो रहा था।

मैं बार-बार अपनी मातृभूमि को देख रहा था और उसे प्रणाम कर रहा था। जल्द ही लौटनेवाला हूँ, मैं भूल ही गया था।

विमान लगातार ऊँचाई पर उड़ान भर रहा था। 'चित्तौड़ की रानी' नामक इस अत्यन्त सुन्दर एवं सुसज्ज विमान को देखकर मैं दंग रह गया था। यह विमान हिमालय के किनारे से उड़ान भर रहा था। नीचे पर्वत टीलों जैसे दिखाई दे रहे थे। नदियाँ झरनों जैसी दिख रही थीं। शहरों की इमारतें माचिस के डिब्बों जैसी दिख रही थीं।

दिल्ली हवाई अड्डे पर अन्तिम यात्री के रूप में जब मैं विमान में चढ़ा तो मेरे सहयात्री मुझे देखकर हँस रहे थे। 'यह कोई महामूर्ख है' ऐसे ही कुछ भाव उनके चेहरों पर थे। मैं चुपचाप विमान में आसनस्थ हुआ। किसी ने भी मेरी परवाह नहीं की—रंग काला, पहनावा सामान्य, गले में टाई ठीक नहीं। फिर मुझे सभ्य कौन कहता?

पर इसी विमान में सिलोन के युवा प्रतिनिधि थे। इसी में सिलोनी कम्यूनिस्ट पार्टी के मुखपत्र के सम्पादक और सिलोनी लोकसभा के सदस्य थे। उन्हें मेरे बारे में जानकारी मिली। इसी महीने 'मनोहर' में मेरा परिचय छपा था, वह सौ. मीनाक्षीबाई ने लिखा था और 'खापन्या चोर' शीर्षक मेरे तमाशे (लोककला शैली) की ही तसवीर छापी थी। किसी ने विमान में वह पत्रिका दिखाई और यह 'खापन्या चोर' इसी विमान में है, उसे पहचानो, विमान में ही यह चर्चा शुरू हो गई। अन्तत: उन्होंने मुझे पहचान लिया, फिर मैं अपने सिलोनी मित्रों के साथ घुल-मिल गया। ताशकन्द तक हमारे प्रतिनिधिमंडल के सदस्यों ने मेरी जानकारी नहीं ली।

किन्तु ताशकन्द पहुँचते ही उनकी आँखें खुल गईं और मैं एक भला इनसान हूँ, इस बात पर उन्होंने भरोसा किया।

मद्रास से पधारे हुए जॉन मुझसे गले मिले, और कहा, "साठेजी, हम सब गलत थे, माफ कीजिए। हमने आपको अलग समझा था। किन्तु अब हमें भरोसा हुआ है कि आप अच्छे इनसान हैं।"

सुबह ठीक पाँच बजे 'चित्तौड़ की रानी' विमान उज्बेकिस्तान की राजधानी ताशकन्द पहुँचा। कई उज्बेकी मित्रों ने पुष्प देकर हमारा स्वागत किया। आगे आकर एक उज्बेकी मित्र ने कहा, "अब आप थोड़ा विश्राम कीजिए। नाश्ता कीजिए। आपके लिए सोवियत का जेट विमान तैयार है।"

"पर 'चित्तौड़ की रानी' में रखा हुआ हमारा सामान कहाँ है?" मैंने पूछा। उस सज्जन ने हँसते हुए कहा, "वह सब ठीक है। आप चिन्ता मत कीजिए!"

ताशकन्द पहुँचते ही सबसे पहले हमने अपनी घड़ी का समय ढाई घंटे पीछे किया और बराबर सात बजे सोवियत के विमान से सफर शुरू हुआ। हमारा इन्तजाम 'ए' क्लास में किया गया था।

मेरा विमान चालीस हजार फुट ऊँचाई पर प्रतिघंटा आठ सौ पचास किलोमीटर की गति से उड़ रहा था। विमान के अन्दर की व्यवस्था सामान्य ही लग रही थी। हर जगह पर वेल्वेट के लाल और जामुनी परदे टँगे हुए थे। इन परदों के कारण हमें बहुत अड़चन हुई थी। प्रत्येक परदे के पीछे कुछ था। अलग-अलग स्थान पर भिन्न-भिन्न परदे झूल रहे थे। कहीं शौचालय था तो कहीं रसोईघर था। कहीं नौकरों का विश्रामकक्ष था और हर एक के दरवाजे पर परदा झूल रहा था। प्रत्येक दरवाजे पर रूसी भाषा में उस स्थान का नाम लिखा हुआ था और वह हमारी समझ में नहीं आ रहा था, इसलिए हम बड़ी मुश्किल अवस्था से गुजर रहे थे।

हमारे प्रतिनिधिमंडल में बंगाल के एक वृद्ध वकील भी थे, नाम था...चटर्जी। वे विमान में बैठते ही सो जाते थे और जाग जाने के बाद तुरन्त शौचालय पूछते थे। विमान की यात्रा एक घंटे की थी लेकिन श्री चटर्जी अचानक जाग गए। सर्वप्रथम उन्होंने नजर दौड़ाई। भिन्न-भिन्न फलक पढ़ने की कोशिश की, किन्तु शौचालय कहाँ है, यह वे नहीं ढूँढ़ पा रहे थे। फिर कई परदे उठाकर उन्होंने

देखा, पर फिर भी ढूँढ़ नहीं पाए। अन्ततः उन्हें हवाई सुन्दरी की मदद लेनी पड़ी।

विमान की वह भयंकर गति देखकर मैं हैरान हो रहा था। अनेक विचारों के कारण मेरा सर सन्न हुआ जा रहा था।

मेरा विमान अन्तरिक्ष में उड़ रहा था। बादलों के ढेर से रास्ता निकाल रहा था। नीचे भिन्न-भिन्न नगर दिखाई दे रहे थे। नीचे देखकर ऐसा लग रहा था मानो अनगिनत दियों के पुंज पर कोई नगर बसा हुआ है। मेरा मन स्वदेश में अटका हुआ था। विमान मुम्बई से मॉस्को के दरमियान उड़ान भर रहा था। मेरी आँखों के आगे मुम्बई तैर रही थी। मेरी माँ की प्रतिमा के आगे शान्ता और शकुंतला ने एक निरंजन (दीपक) जलाया था। उसे मेरे लौटने तक जलना था। इसी बारे में मैं सोच रहा था। वह दीपक जल रहा होगा, निखर रहा होगा...।

'आया आया मॉस्को हवाई अड्डा आया। सिगरेट मत पिओ, कमरपट्टा बाँध लो, मॉस्को पहुँच गए हैं,' हमें इस तरह से सूचित किया गया। मैंने खिड़की से नीचे देखा। मॉस्को शहर का प्रथम दर्शन होते ही मन विचारों से मुक्त हो गया। मॉस्को नगर को मैंने पहली बार आसमान से देखा और उसकी कीर्ति का स्मरण हुआ।

विमान ने एक बड़ी उड़ान भरी और धरती पर पैर रख दिए। मैं सजग हुआ। दीर्घ साँस छोड़कर सीना खाली कर डाला। विमान के द्वार पर रात्रि के समय कई मित्र पुष्प लेकर स्वागत के लिए आए हुए थे। बाहर ठंड अपना मिजाज दिखा रही थी। ठंडी हवा बह रही थी। बदन को चुभ रही थी। लोगों की नाक और मुँह से भाप के बादल निकल रहे थे।

मैं पूरी तरह हड़बड़ाया हुआ था। होश में नहीं था। मेरा चेहरा उतरा हुआ था। मैं कहीं और देख रहा था। इसी जल्दबाजी में मैं ओवरकोट पहनना भूल गया। मैं सबके पीछे पैर घसीटते चल रहा

था। अपना ओवरकोट बगल में दबा रखा था और चोर की तरह चारों ओर नजरें घुमा रहा था। समाजसत्तावादी लोगों को गौर से देख रहा था। भयंकर ठंड लग रही थी। इसका मुझे भान नहीं था। तात्पर्य यही कि मैं चकरा गया था।

"आपको ठंड नहीं लग रही है?" कझकीना नामक एक महिला ने नजदीक आकर कहा। इससे मैं और भी गड़बड़ा गया और जवाब में कहा, "नहीं, कहाँ है ठंड!" किन्तु उसी समय मेरी नाक और मुँह से भाप के बादल निकल पड़ रहे थे। यह देखकर मैं स्वयं असमंजस में पड़ गया और कझकीना जोर से हँस पड़ीं। उन्होंने मुझे रोका। फिर मेरा कोट लेकर मुझे पहनाया। मुझे अब अच्छा लग रहा था। मैं होश में आकर चलने लगा। कझकीना बाई ने बड़ी विनम्रता से कहा, "यह है हमारी मॉस्को नगरी। जो कल आप देखेंगे ही!"

"हाँ," कहते हुए मैंने चारों ओर नजर दौड़ाई और फिर कझकीना ने कहा, "मॉस्को हमारा हृदय है!" ये उद्‌गार सुनते ही मैं आश्चर्यचकित हो गया।

"सच ही कह रही हैं आप।" कहते हुए मैं जल्दी-जल्दी चलने लगा। कझकीना पूछ रही थीं, "यह वातावरण आपको कैसा लग रहा है?"

"बिलकुल हमारी दिल्ली जैसा," मैंने जवाब दिया। अब मेरा गिरा हुआ चेहरा खुल गया था।

हवाई अड्डे से हम सभी मोटरकार से शहर की ओर जा रहे थे। हमारी मोटरकारें गति से दौड़ रही थीं। प्रतिनिधिमंडल के सदस्य दबी आवाज में एक-दूसरे से बातें कर रहे थे। चारों गाड़ियाँ मुड़ रही थीं। मेरे साथ मद्रास के श्री जॉन बैठे हुए थे। जॉन पियानोवादक थे, इसलिए इस प्रतिनिधिमंडल में उनका चयन किया गया था। स्वभाव से वे शान्त और स्नेहिल थे। मोटर की खिड़कियों की काँच नीचे करके मैं बाहर के दीयों के धूमर देख रहा था। ठंडी हवा मोटर में

आकर बदन को चुभ रही थी। इस चुभनेवाली हवा के कारण जॉन की आँखों से आँसुओं की धाराएँ बहने लगीं। इसे देखकर मैंने पूछा,

"क्यों दोस्त, रो क्यों रहे हो?"

"बिलकुल नहीं।" जॉन ने चिड़चिड़े स्वर में कहा, "मैं कभी रोता नहीं, पर एक बात पूछूँ?"

"ओह, इसमें औपचारिकता की क्या बात है?" मैंने कहा, "पूछो ना!"

"इतनी तेज ठंड में आपने खिड़की की काँच नीचे की है, इसका क्या कारण है, बताएँगे क्या?"

"बात यह है कि," मैंने कहा, "हम इधर का सब कुछ देखने के लिए आए हैं। इसलिए मेरा मानना है कि हम जो भी देखेंगे, वह काँच बन्द करके नहीं। अब रोओगे क्या?"

"मिस्टर साठेजी," जॉन ने कहा, "आपकी आधी बात मुझे स्वीकार है। आप जो कुछ देखें सीधे देखें। पर इस ठंड में मेरी आँखों को तकलीफ हो रही है। मैं रो रहा हूँ, यह आप ग़लत सोच रहे हैं!"

मैं एक राजमार्ग से मॉस्को की ओर जा रहा था। हर्ष हुआ था, पर भाषा की अड़चन के कारण मेरी रूस की यात्रा निष्फल रहेगी, यह पीड़ा मेरे मन को खा रही थी। हमारे प्रतिनिधिमंडल में बंगाल, मध्यप्रदेश, गुजरात, मद्रास आदि भिन्न-भिन्न प्रान्तों के लोग थे। सभी अलग-अलग व्यवसायों से सम्बन्धित थे। सभी को अंग्रेजी का ज्ञान था। किन्तु मैं अकेला ही ऐसा था जिसे कोई भी परकीय भाषा नहीं आती थी। थोड़ी टेढ़ी-मेढ़ी हिन्दी बोल सकता था।

'सोवियत स्काई' नामक आलीशान होटल में मैं पहुँचा। तब वहाँ कॉ. बारनिकोव से भेंट हुई। उन्होंने आगे बढ़ मेरा हाथ पकड़ लिया और शुद्ध हिन्दी में बोलना शुरू किया।

"मैं बारनिकोव लेनिनग्राड का रहनेवाला। आप आनेवाले हैं इसलिए खास आपके लिए मुझे बुलाया गया है। अब एक महीना

मैं आपके साथ रहनेवाला हूँ यानी मैं आपके दुभाषिए की भूमिका अदा करूँगा।" कॉ. बारनिकोव की वह शुद्ध हिन्दी, खुला और मीठा स्वभाव देखकर मुझे अत्यन्त आनन्द हुआ। बाद में मैं अपने कमरे में चल पड़ा और फिर कॉ. बारनिकोव ने आकर पूछा, "कल क्या देखनेवाले हैं?"

"सबसे पहले रूस के लोग!" मैंने जवाब में कहा और कॉ. बारनिकोव मन्द-मन्द मुस्कुराए।

2

रूस की घुमक्कड़ी

रूस पहुँचने से पहले मेरा 'चित्रा' उपन्यास रूसी भाषा में प्रकाशित हो चुका था। कुछ कहानियों का भी अनुवाद हुआ था। मेरी 'सुलतान' कहानी रूसी नागरिकों को बहुत पसन्द आई थी। इस 'सुलतान' की और मेरी भेंट अमरावती के केन्द्रवर्ती कारागृह में हुई थी। मुझसे पहले कहानी के माध्यम से वह रूस पहुँच गया था, इसलिए मेरे पहुँचने पर मेरे बारे में समाचार-पत्रों में 'सुलतान फेम अण्णा भाऊ साठे', इस प्रकार से वृत्तांकन छापा जा रहा था।

मेरा 'स्टालिनग्राड' का पोवाडा (मराठी वीर गीत) भी रूसी भाषा में खूब लोकप्रिय हुआ था और मैं इस समग्र पुण्य की बदौलत रूस की घुमक्कड़ी कर रहा था।

पहले दो दिन में ही मैंने ओहक (पानी), पिचस्की (आगपेटी), खराबश (सच है), ये शब्द सीख लिये।

हम सब मॉस्को पहुँचे और हमारे सामने एक नई मुसीबत खड़ी हुई। दो डॉक्टर, एक विधायक, एक सॉलिसिटर, एक पियानोवादक और एक लेखक यानी मैं—इस तरह के छह लोगों ने पाँच की पसन्द फरमाइश की। हर एक अपनी इच्छापूर्ति के लिए अडिग रहा।

दोनों डॉक्टरों ने हाथ ऊपर उठाकर सीधे कहा, "रूस में जितनी भी शल्य-क्रियाएँ होनेवाली हैं, वह हमें देखनी होंगी, अन्यथा आने का क्या फायदा?" दोनों डॉक्टरों में से एक हैदराबाद के शहा थे जो स्वयं बीमार थे और स्वयं पर एक शल्य-क्रिया करवाने के उद्‌देश्य से आए थे।

दूसरे डॉक्टर दयालु थे मैसूर के सज्जन थे। उन्हें हिन्दी भाषा बिलकुल अवगत नहीं आती थी।

लखनऊ के विधायक पुष्कराज जिनके चेहरे पर ताजगी थी। उनका पहनावा भी आकर्षक था, नेहरू जैसा। वे बोले, "मुझे यह जानना है कि रूस में लोकतंत्र है या नहीं। मैं तो कायदेमंडल का कामकाज देखनेवाला हूँ। कुत्ते की शल्य-क्रिया देखकर हमें क्या मिलनेवाला है?" इतना कहकर वे रुके। किन्तु स्वयं निर्दय नहीं हैं, ऐसा उन्होंने चेहरा बनाया। बाद में कलकत्ता के सॉलिसिटर श्री चटर्जी आगे आए। कलकत्ता का उच्चारण करते समय वे 'क' का उच्चारण 'कु' करते थे। यानी वे 'कलकुत्ता' कहते थे। वे बोले, "मुझे कुत्ते का ऑपरेशन नहीं चाहिए और न ही बेकार की बहस! मेरा जो पेशा है वही मुझे चाहिए। मैं रूस की न्यायिक प्रक्रिया देखनेवाला हूँ। रूस में अन्याय बहुत किया जाता है, यह मैंने सुना है। इसलिए मुझे कोर्ट लेकर चलिए।"

अन्त में मेरी बारी आई। मैंने कहा, "मुझे सिर्फ इस देश के फुटपाथ पर घूमना है!" यह सुनते ही सभी एक-दूसरे का चेहरा देखने लगे।

अन्ततः तय हुआ कि जिसे जो अच्छा लगता है, वह देखे।

दूसरे दिन भारतीय दूतावास का निमंत्रण आया। वहाँ हम सब समय पर पहुँच गए। किन्तु युवा प्रतिनिधि अब तक नहीं पहुँचे थे। मैं दरवाजे में ही फुटपाथ पर रुका हुआ था। सामने रास्ते की मरम्मत का काम चल रहा था। सिर्फ पाँच आदमी काम कर रहे थे। पाँच

आदमी और एक मोटर, इतना ही और कुछ नहीं था। खुदाई का, मिट्टी भरने का और पहले डाला हुआ डामर पिघलाकर निकालने का काम वह मोटर कर रही थी। बाकी श्रमिक सूटबूट पहनकर देखरेख कर रहे थे। हमारे यहाँ बड़े ऑफिसरों का जो ठाठ होता है, वैसा ही उनका था। वहाँ जुल्म नहीं था। गुलाम नहीं थे। वह यंत्र ही उन आदमियों का गुलाम बनकर चुपचाप काम कर रहा था।

भारतीय दूतावास में जाते ही मन भारतीय जीवन की ओर आकर्षित हुआ। भारतीय संस्कृति से लबालब। घर की याद आ गई। सीढ़ियाँ चढ़ते-चढ़ते महात्मा गांधी और प्रधानमंत्री नेहरू की प्रतिमाओं के दर्शन हुए, और मुख्य सभागृह में पहुँचते ही लगा कि हम मॉस्को में नहीं हैं बल्कि दिल्ली में, मुम्बई में या अन्य कहीं पर अपने ही देश में हैं। उस सभागृह का निर्माण ही इस प्रकार से किया था। किसी भी देश का आदमी वहाँ पहुँचे, वह भारतीय दूतावास में है, इसका तुरन्त उसे एहसास होगा, ऐसी ही साज-सज्जा वहाँ पर थी।

कुछ समय के बाद एक चमत्कार हुआ। भिन्न-भिन्न शराबों से भरे गिलासों का पात्र मेहमानों की भीड़ से गुजरने लगा। उसके साथ-साथ भारतीय कबाब आया और कुछ समय के बाद सिर शरीर से अलग हो गए! यानी मदिरामय हो गए! मेरा सिर तो निश्चित ही काम से गया!

इस समारोह में हम सब के अलावा कुछ युवा प्रतिनिधि, मॉस्को के विख्यात विद्वान और मॉस्को अकादमी के कुछ विद्वान सदस्य उपस्थित थे। वह दिन मैंने आनन्द में बिताया। भारतीय दूतावास में कई भारतीय मित्रों से भेंट हुई जिनके साथ मैं कई संकटों से गुजरा था, एक बन्द कमरे में दिन बिताए थे, पूड़ी-भाजी भी खाई, उनसे मेरी मॉस्को में भेंट हुई। मतलब यह कि हृदय में आनन्द का सागर लेकर गले मिले।

और वह अपार आनन्द दिल में समेटकर रात में मैं लेनिनग्राड की ओर निकल पड़ा।

रूस में मेरी अधिकतर यात्रा विमान से हुई। सिर्फ एक यात्रा रेल द्वारा हुई। लेनिनग्राड की और आगे अजरबैजान की राजधानी बाकू से ब्लीसी तक की। वरना लगने लगा था कि मानो पंख निकल आए हों, भरो उड़ान। इस तरह की दिनचर्या हो गई थी।

हमें लेनिनग्राड ले जाने का अच्छा इन्तजाम किया गया था। एक कम्पार्टमेंट में दो पलंग, स्वच्छ गद्दे, तकिया, चादर, नल, कंघी, साबुन, पाउडर, रेडियो—मतलब सब कुछ! बावजूद इसके यात्रियों की देखभाल के लिए एक महिला भी थीं। वह स्नेहिल महिला, माँ जिस तरह से अपने बच्चे सोये या नहीं, इसका ध्यान रखती है, वे उसी तरह परिश्रम करती थीं।

मुझे यह रेल यात्रा अजीब-सी लग रही थी। मुझे एकदम बोरीबन्दर स्टेशन याद आया। वह भीड़, वह शोर, वह भागदौड़, वे झगड़े, डब्बे में खचाखच भरे हुए लोग, उनका हो-हल्ला और 'बोल बम्बादेवी जय'—यह सब मेरे हाड़-मांस में घुस गया था। मैं यह कैसे भूलूँ? इस तरह का उस स्टेशन में कुछ भी नहीं था। सब कुछ शान्त-शान्त लग रहा था। प्लेटफार्म पर जली हुई माचिस तक नहीं थी। जली हुई सिगरेट नहीं थी। फिर बेचारी बीड़ी कहाँ से आएगी! उस स्टेशन में पोस्टरों की भीड़ नहीं थी। और जो थे बहुत स्वच्छ थे। यह सब देखकर मैंने कल्पना की कि, 'यहाँ थूकना मना है', ऐसे पोस्टर लगते ही उन पर पान खाकर थूकनेवाले प्राणी रूस में नहीं होंगे। अन्यथा इतना सुन्दर पोस्टर घाटकोपर में इतने आराम से कैसे रह पाता? यह कभी का तार-तार हो चुका होता। पोस्टर पर मीनाकुमारी को मूँछ लगानेवाले और पृथ्वीराज की मूँछ मुँड़वानेवाले कलाकारों ने कब का अपनी कला का प्रदर्शन कर दिखाया होता!

गाड़ी लेनिनग्राड की ओर दौड़ रही थी। बाहर अँधेरा था। मैंने

बाहर देखने का प्रयास किया किन्तु कोई फायदा नहीं हुआ। बाहर का कुछ नहीं दिख रहा था। मुझे नींद नहीं आ रही थी। जॉन को साथ लेकर मैं निकल पड़ा। गाड़ी में घूम रहा था। अपनी गाड़ियों में टी.सी. जैसे शान से घूमता है, मानो वैसे ही। पर गाड़ी में शान्ति थी। कई लोग आराम से सोये थे, कुछ पढ़ रहे थे, कहीं पर ताश का खेल चल रहा था। बीच में ही कुछ विनोद हो जाने से हास्य विस्फोट हो जाता था किन्तु कहीं पर भी उठने-बैठने का खेल नहीं दिखा। बेंच के नीचे आराम करता हुआ या शौचालय में दबकर बैठा कोई कहीं नहीं! सब कुछ अलग! यदि इस गाड़ी में भीड़ ही नहीं तो यहाँ जेब काटनेवाला कारीगर कहाँ होगा, यह सोचते हुए मैं एक डिब्बे में घुस पड़ा। वहाँ भी शान्ति। मुझे टी.सी. नामक प्राणी ही नजर नहीं आया। 'जय सौजन्य सप्ताह' के नाम पर यात्रियों के सर पर जूता मारनेवाला सज्जन टी.सी. मुझे कहीं पर भी नजर नहीं आया!

मगर एक प्रसंग देखकर मैं हैरान हुआ। एक खिड़की के पास एक सुन्दर युवती गर्दन झुकाकर काँच के सहारे बैठी थी। उसकी आँखें बन्द थीं, मानो अधखिली कली समान। उसके आगे एक पालना झूल रहा था और उस सफेद पालने में रूस का एक छोटा नागरिक विश्राम कर रहा था। माँ की गोद में जिस तरह मनमुराद नींद लेते हैं वैसे ही निद्राधीन हुआ वह। उसे उसके लेनिन ने सब कुछ दिया था। उसकी आयु एक महीने की होगी। किन्तु अब से ही रशियन संघराज्य उसका ध्यान रख रहा था। यात्रा के दौरान उसे एक पालना दिया गया था। क्योंकि यही बाल नागरिक बड़ा होकर मातृभूमि के लिए सौ बार बलिदान देनेवाला है, इस सन्दर्भ में सोवियत संघराज्य को कोई सन्देह नहीं है।

घूमकर मैं लौट आया, दरवाजा बन्द करके पलंग पर लेटा और लेनिनग्राड के बारे में सोचने लगा। मैं वहाँ सुबह पहुँचनेवाला था। वहाँ पर प्रोफेसर ततियाना कातेनिना से मेरी भेंट होनेवाली थी

और उनके साथ मैं मराठी में बात करनेवाला था। महाराष्ट्र से हजारों मील दूर मराठी भाषा के विकास के लिए, रूस के बच्चों को मराठी भाषा पढ़ाने के लिए कोशिश करनेवाली उस महिला से कल ही मेरी भेंट होनेवाली है, इस बात की मुझे बड़ी खुशी हो रही थी।

कुछ समय बाद कम्पार्टमेंट के दरवाजे पर टिक्-टिक् आवाज आई। मैंने तुरन्त दरवाजा खोल दिया। विनम्रतापूर्वक एक आदमी दरवाजे के पास खड़ा मिला। मुझे देखते ही उसने अभिवादन किया। उसने दरवाजे के पास ही एक बड़ी टोकरी रखी थी और उस टोकरी में भिन्न-भिन्न प्रकार की शराब की बोतलें थीं। उसने रूसी भाषा में पूछा, शराब चाहिए क्या? बाद में यह भी बताया कि उसके पास कौन-कौन से प्रकार की शराब हैं, सूची बताई। मैंने मन में नमस्कार करके उसे विदा किया और मन में ही कहा, 'यदि तू यह टोकरी-भर शराब लेकर मुम्बई में दिखाई देता तो एक ही क्षण में तू बरबाद हुआ होता। पहले तुझे आटे की तरह गूँथा गया होता, फिर गर्दन पर पहनी हुई कोट का कॉलर पकड़कर अब तक जो पाँच लाख लोग जेल में भेजे हैं, उन्हीं में तुम्हें भी शामिल कर दिया जाता। जाओ! तुम रूस में हो...।

मैंने आँखें बन्द करके सोने के लिए मन बनाया। इतने में रेडियो बजा और भारत के प्रधानमंत्री पं. जवाहरलाल नेहरू की आवाज सुनाई दी। वे राष्ट्रसंघ की सभा में भाषण दे रहे थे। उनका भाषण किस रेडियो ने प्रसारित किया था, वह समझ नहीं सका, किन्तु वह परिचित आवाज सुनते ही मन भर्र से दिल्ली उड़ चला। उस वक्त मैंने अनुभव किया कि मन की गति का मुकाबला दुनिया की कोई भी गति नहीं कर सकती।

3

मॉस्को से लेनिनग्राड

सुबह लेनिनग्राड में कई लोग हमारे स्वागत के लिए उपस्थित थे। पुष्प, कैमरे, टेलीविजन, समाचार-पत्र आदि के प्रतिनिधि, काफी जमघट था। आश्चर्य की बात यह कि उसमें प्रोफेसर ततियाना अपने सभी मराठी पढ़नेवाले छात्रों के साथ खास मेरे स्वागत के लिए आई थीं। वे चिरपरिचित की भाँति आगे बढ़कर शुद्ध मराठी में पूछताछ करने लगीं। तब मुझे आभास हुआ कि मैं लेनिनग्राड में नहीं जैसे बल्कि मुम्बई में हूँ और एक दृष्टि से यह सच भी था क्योंकि उनके ही मार्गदर्शन में मेरा 'चित्रा' उपन्यास रूसी भाषा में अनूदित हुआ था। वह मेरे साथ मराठी में बात कर रही थीं। उनकी छात्राएँ नीना और शश्या दोनों सावधानी से मराठी बोल रही थीं। मैं अपने आजू-बाजू में जमा हुए सभी लोगों को भूलकर गुड़ में चींटा जैसे चिपक जाता है, वैसे ही मैं मराठी बोलनेवाले रूसी मित्रों में मग्न हो गया था।

ततियाना जी मराठी शुद्ध बोलती हैं और मराठी बोलते समय एकाध शब्द याद नहीं आ रहा है तो—'उसे क्या कहते हैं' याद करते-करते गम्भीर हो जाती हैं। ऐसे समय वह थोड़ी चिन्तित हो जातीं किन्तु अंग्रेजी अथवा हिन्दी की सहायता न लेते हुए मराठी की

ही सहायता से शब्द की अड़चन दूर करने के बाद हर्षित हो हँस पड़तीं। उस वक्त उनका चेहरा आनन्द से खिल जाता।

भारत से चलने से पहले मुझे आचार्य अत्रे ने उनके लिए पत्र दिया था। वह मैंने उन्हें दिया तो उनका आनन्द द्विगुणित हो गया। उन्होंने आचार्य का पत्र पढ़ा और उसके अन्त में प्रणिपात के अक्षर मुझे दिखाए और आचार्य को सादर प्रणाम किया और कहा, 'आपके आचार्य मेरे गुरु हैं!' इस महिला ने मराठी-रशियन शब्दकोश तैयार किया है। जल्द ही रूस के कई लोग मराठी बोलते नजर आएँगे।

उस दिन मैं लेनिनग्राड विश्वविद्यालय पहुँचा और मराठी पढ़नेवाले सभी छात्रों के साथ बातचीत की। मुझे आचार्य अत्रे की 'चांगुणा' और ना.सी. फड़के की 'उद्याची बात', ये दो उपन्यास एक ही मेज पर दिखाई दिए। मुझे हँसी आ गई। मराठी के ये दो छोर लेनिनग्राड नगर में एकत्र हो गए थे। मैं क्यों हँस पड़ा इसका गर्भित अर्थ किसी की भी समझ नहीं आया, मैंने भी बन्द मुट्ठी नहीं खोली।

मैंने महसूस किया कि लेनिनग्राड शहर शान्त और आनन्दमग्न है। मॉस्को की भागमभाग यहाँ दिखाई नहीं दी। किन्तु शहर का निर्माण भव्य और सुन्दर था। फुलवारी से सजे फुटपाथों पर पुस्तकें पढ़नेवाले युवक-युवतियों को देखकर थोड़ी ईर्ष्या हुई। लेनिनग्राड शहर से बहनेवाली नेवा नदी में किनारे से चक्कर लगाकर जिस जहाज पर अक्तूबर क्रान्ति का प्रथम ध्वज लहराया था, वह जहाज देखकर आत्मा तृप्त हुई।

बाद में हम भटकते हुए ऐतिहासिक विंडसर पैलेस में चले। मेरे साथ ततियाना कातेनिना थीं। वह मुझे हर चीज को मराठी में समझा रही थीं। उनके मराठी के छात्र मेरे साथ टहल रहे थे, इसलिए मेरा मराठी का दलबल बढ़ गया था।

केरेन्स्की सरकार को जहाँ कैद हुई थी, वह कमरा और सोवियत स्थापना का स्थान देखकर हम सबने कॉ. लेनिन के कमरे में प्रवेश

किया। तो मन में उदासी छा गई क्योंकि इतनी दूर आए लेकिन वह अक्तूबर क्रान्ति का पिता वहाँ पर नहीं था। पर उनका वह कमरा वैसे ही जिन्दा था। वह कमरा, कुर्सी, मेज, टाक, दौत और उनका फोन आदि सारी चीजें देखने के बाद ऐसा लगता है कि कॉ. लेनिन अपने कमरे में विश्राम कर रहे हैं। मन दौड़कर ही अन्दर के कमरे में घुस जाता है, किन्तु कॉ. लेनिन वहाँ भी दिखाई नहीं देते हैं। उनका वह पलंग अकेला ही उनकी राह ताक रहा है, यह देखकर मन मुरझा जाता है, आँखें नम हो जाती हैं और कॉ. लेनिन का कमरा देख लिया इसी पर ही सन्तुष्ट होना पड़ता है।

यह सच है कि रूसी लोग इतिहासप्रिय हैं। वे प्राचीन इतिहास का संरक्षण करते हैं। नया निर्माण करते हैं और नये इतिहास की रक्षा आँखों में तेल डालकर करते हैं; यहाँ पर मैंने इसे अनुभव किया।

लेनिनग्राड शहर से कुछ दूरी पर एक बगीचा है। उसका रूसी नाम मुझे याद नहीं है। उसे मैं 'शान्ति उद्यान' कहता था। उन्नीस सौ बयालीस में नाजी आक्रमणकारियों ने लेनिनग्राड को घेर लिया था। उस समय भुखमरी और लड़ाई में हजारों नहीं बल्कि लाखों लोग गतप्राण हुए थे, उनका ही वह एक महान स्मारक है। गोद में बालक लिये एक स्त्री है, सामने कॉ. लेनिन खड़े हैं। पीछे पत्थर पर लेनिनग्राड के लिए शहीद हुए वीरों के नाम लिखे हैं। फुलवारी में चार फुट ऊँचे चबूतरे खड़े हैं, उस पर सिर्फ 'उन्नीस सौ बयालीस' अक्षर दिखाई देते हैं और पहले ही प्रवेश द्वार के पास एक अग्निकुंड धधक रहा है। वह आग काफी समय से जल रही है; संसार के अन्त तक जलनेवाली है। वह आग उनकी स्मृति है जिन्होंने महान लेनिनग्राड के लिए, रूस की भूमि के लिए, समाजवाद के लिए, प्राण निछावर किए।

उस उद्यान में हजारों लोग पुष्प लेकर आते हैं और उस अग्निकुंड के आगे खड़े होकर 'आपने जिसके लिए बलिदान

दिया है, हम उसी के लिए जी रहे हैं,' मानो यही कहते हैं ऐसा प्रतीत होता है।

उस अग्निकुंड के आगे खड़े होकर कई बूढ़े लोगों को छाती पर क्रॉस का निशान लगाते हुए मैंने देखा। वहाँ जाने के बाद किसी को भी हँसी-मजाक नहीं सूझता। युद्ध से खीज, युद्ध से द्वेष इसमें ही आदमी उलझ जाता है क्योंकि लेनिन का नाम धारण करनेवाले उस नगर को नाज़ियों के पैरों का स्पर्श न हो इसलिए जिन लाखों ने प्राण अर्पण किए, वह महान स्मारक है। इसलिए वह उद्यान, वह आग आँखों से ओझल नहीं होती है। जो युद्धविरोधी आग आज रूसी लोगों के हृदय में अखंड जल रही है, इसी का प्रतीक वह उद्यान है।

बाद में हमने लेनिनग्राड का म्यूजियम देखा। वहाँ पर हजारों वर्षों की चीजें सुरक्षित हैं। प्रत्येक चीज की जानकारी श्रीमती ततियाना कातेनिना मुझे मराठी में दे रही थीं। सम्राट चन्द्रगुप्त से लेकर आज तक के सभी सिक्के मैंने वहाँ पर देखे। खास मराठी तलवार और पट्टा, ये हथियार वहाँ देखकर मैं चकित हो गया। टीपू सुलतान की एक तलवार भी वहाँ पर है।

इसी नगर में कॉ. पी.ए. बारनिकोव से मेरी भेंट हुई। उन्हें मेरे दुभाषिए के रूप में रखा गया था। उन्होंने 'तुलसी रामायण' का गद्य अनुवाद रूसी भाषा में किया है, वे उसे प्रकाशित कर रहे हैं। वे हिन्दी के पंडित हैं। मेरे दुभाषिए के रूप में जब वे मेरे साथ चले तो मुझे बहुत ही आनन्द हुआ। बारनिकोव मेरी परछाईं की तरह मेरे साथ थे। मेरे हिन्दी में शब्द का उच्चारण करते ही उसका रूसी भाषा में अनुवाद होता था और मैं रूसी भाषा बोल रहा हूँ ऐसा प्रतीत होता था।

तारीख इक्कीस को स्टालिनग्राड जाने के लिए हम सब तारीख बीस को ही मॉस्को आ गए। तब मेरे साथ कॉ. बारनिकोव थे।

मॉस्को में 'सोवियत स्काई' होटल में लौटते समय मुझे एक परिचित व्यक्ति मिला। रोककर उसने मुझसे पूछा :

"आप रशियन जानते हैं?"

"नहीं," मैंने जवाब दिया।

"तो फिर भाषा की समस्या है," ऐसा कहते हुए उसने मुझ पर रहम किया, तब मैंने जवाब में कहा—

"मुझे भाषा की बिलकुल समस्या नहीं है।"

मेरा जवाब सुनते ही वह आदमी चौंक गया। और उसने कहा,

"आप रशियन समझते नहीं और भाषा की समस्या नहीं, इसका मतलब?" तब मैंने कहा, "मेरे पास दो जिह्वा हैं, उसमें एक हिन्दी और दूसरी रशियन है। हिन्दी जिह्वा मेरे पास है और रशियन जिह्वा मैंने कॉ. बारनिकोव को दे रखी है।" मेरा यह भयंकर खुलासा सुनकर वह आदमी हक्का-बक्का रह गया और हँस पड़ा। उसी समय मैं समझ गया कि रूसी लोग विनोदप्रिय हैं।

बीस तारीख को मॉस्को देखना, लेखक संघ से भेंट करना और रात में एक जाहिर सभा में उपस्थित रहना, इतना ही काम था। हमने मॉस्को देखते हुए अन्त में कुछ चीजें खरीदीं। मैंने कुछ खिलौने और कैमरा ले लिया। टैक्सी से बारनिकोव के साथ लेखक संघ से मिलने गया। दरवाजे पर ही टैक्सी छोड़ दी और उस टैक्सी में ही मेरा कैमरा गुम हो गया है, इसका मुझे पता ही नहीं चला। आधे घंटे के बाद याद आया कि खिलौने और कैमरा गायब हुआ है। फिर भागदौड़ शुरू हुई। किन्तु सोवियत देश में टैक्सी का स्वतंत्र रेडियो स्टेशन है, लगभग हर टैक्सी में रेडियो फोन होता है। तुरन्त हमने टैक्सी रेडियो में फोन लगाया। जवाब मिला कि रात के नौ बजे वह कैमरा 'सोवियत स्काई' होटल पहुँचा दिया जाएगा। और उसी समय टैक्सी ड्राइवर वह कैमरा लेकर दौड़ते हुए मेरे पास आया। उसे अब तक रेडियो द्वारा सूचना नहीं मिली थी। कैमरा मिलते ही मैं निश्चिन्त

हुआ। मेरी दृष्टि से यह प्रसंग बहुत ही नाटकीय था जिसकी छाप मेरे मन पर पड़ी। रूसी लोग यंत्र के गुलाम नहीं हैं बल्कि यंत्र ही उनके अधीन हैं।

और जब मैं दूसरी टैक्सी से मैत्रीभवन की ओर चला, तब टैक्सी रेडियो बता रहा था : तवरिश-8083 भारतीय मेहमान का कैमरा 'सोवियत स्काई' होटल में पहुँचा दीजिए। उस वक्त वह कैमरा मेरे गले में था और इसी समय कॉमरेड बारनिकोव का अनूदित किया हुआ रामायण गायब हुआ था। इसलिए बारनिकोव बेचैन हो गए थे, टैक्सी से कूद जाने की मन:स्थिति में थे। भारतीय तुलसी रामायण मॉस्को में गायब हुआ, यह सुनकर मैं पेट पकड़कर हँस रहा था।

4

लाल तारे के नीचे

चौदह सितम्बर उन्नीस सौ साठ की सुबह से ही मैं मॉस्को शहर में टहल रहा था। अपनी वह विलायती पोशाक मैंने मोड़कर अलमारी में ठूँस दी थी और सिल्क का कुर्ता, पायजामा, कोल्हापुरी कलाबत्तू की चप्पल पहनकर देशी ठाठ में विशाल राजपथ यानी गोर्की रोड पर चल रहा था। समाजवाद का यश और मॉस्को के लोग कैसे हैं, इन दो प्रश्नों के उत्तर मैं खोज रहा था। भव्य राजमार्ग, सुडौल इमारतें, माला में मोती गुँथे जैसे रास्ते के दोनों ओर खड़े पेड़ और वे भी एक ही किस्म के एक ही आयु के और समान ऊँचाई के। बीच में फुटपाथ। उसमें फुलवारी। वह भी मीलों दूर तक। लम्बे-चौड़े, स्वच्छ, आईने जैसे रास्ते देखकर मॉस्को का ऐश्वर्य उस रास्ते पर विनम्रता से खड़ा है, ऐसा आभास हुआ। और किसी बगीचे में उड़नेवाली तितली की तरह आँखें नाचने लगीं।

वहाँ जगह-जगह पर सिगरेट की राख डालने की सुविधा है। जहाँ देखो गमले हैं और ये गमले मॉस्को की सुन्दरता में चार चाँद लगा रहे हैं। कहीं पर भी जली हुई सिगरेट, तीली आदि

कुछ भी नजर नहीं आता था। कागज का टुकड़ा या चुटकी-भर धूल भी वहाँ पर मिलना मुश्किल था। इन चीजों को देखने की मैं कोशिश कर रहा था और वही मुझे नहीं मिल रही थीं क्योंकि जली हुई तीली उस रास्ते पर नहीं फेंकनी, ऐसी मानो रूस के लोगों ने प्रतिज्ञा ही ले ली है। जो लोग अपने राजमार्ग से इतना प्रेम करते हैं वे अपने देश को कितना चाहते होंगे, इसकी कल्पना ही नहीं की जा सकती।

जिसने दलित साहित्य और साहित्यकार का निर्माण किया, जिसे सोवियत साहित्य का पितामह माना गया, उस महान गोर्की का नाम धारण करनेवाला वह गोर्की पथ गोर्की समान ही भव्य और निर्मल दिख रहा है। आज भी वह अपने मॉस्को नगर की शोभा द्विगुणित कर रहा है।

रूस में कलाकारों का बहुत सम्मान है, इसकी कदम-कदम पर प्रतीति होती है। रूस के महान साहित्यिकों को रूस की जनता ने अजरामर कर दिया है। कई पथों को, चौराहों को कलाकारों के नाम दिए गए हैं और उनके भव्य पुतले बनाए गए हैं। उनका साहित्य और इतिहास मानो हाथ मिलाते हुए जगह-जगह पर मौजूद है। टॉलस्टॉय, पुश्किन, गोर्की, मायकोव्स्की आदि नाम जिन्दा हो उठे हैं।

मॉस्को शहर में मैं एक उलझन में फँस गया। यानी उन लोगों की दौड़-धूप! ये लोग ऐसी दौड़-धूप क्यों करते हैं? वे सुन्दर, विनम्र और होशियार लोग लगातार भाग रहे थे। दौड़ते हुए रास्ता लाँघ रहे थे। उस भागने में परेशानी नहीं थी। जबरदस्ती नहीं थी। उत्साह उमड़ रहा था। किन्तु उस दौड़ने के कारण का जवाब मुझे मिल नहीं रहा था। बूढ़े, जवान, लड़के, लड़कियाँ सभी दौड़ते हुए नजर आते थे और इसकी वजह ढूँढ़ते हुए मैं घूम रहा था।

मॉस्को के रास्ते लाँघते समय मैं भी मॉस्को के नागरिकों की तरह दौड़ने लगा। और यह देखकर चतुर लोग हँसने लगे। किन्तु दौड़ते

समय मैं खतरे में पड़ जाता था, क्योंकि मॉस्को में सभी वाहन दाईं ओर से चलते हैं। मुझे बाईं ओर से चलना याद था। इसलिए उलझन में पड़ जाता था। पर गोर्की मार्ग की यातायात नियंत्रण करनेवाली पुलिस दोनों बाजू का यातायात बन्द करके मुझे रास्ता देते थे, क्योंकि मॉस्को के राजपथ पर मेरे स्वर्गवासी होने की सम्भावना काफी थी, बावजूद इसके कि मैं उनका मेहमान था।

कुछ खड़ूस मॉस्कोवासियों ने मुझसे सवाल किया कि "आप क्यों दौड़ रहे हो?" मैंने खड़ूस जवाब दिया, "आपकी एकाध मोटर टूट जाएगी इसलिए दौड़ रहा हूँ।"

सत्रह सितम्बर को हमें भारतीय दूतावास में दावत दी गई। उसी समय जागतिक युवक संघटन की मॉस्को में सभा थी। इसलिए उस दावत में कई देशों के युवक उपस्थित थे। भारतीय दूतावास ने गौर किया और श्रीनाथ जी ने हमारी पूछताछ की तब हमें बहुत अच्छा लगा।

मॉस्को में पहले ही दिन मुझे मित्र लाभ हुआ। उसका नाम था लिओनिद। वह एक उत्तम फोटोग्राफर था। छह फुट ऊँचा, गोरा रंग, सुदृढ़ देह, ताजगी भरा चेहरा, पानीदार नीली आँखें। शरीर पर सुन्दर वस्त्र, ऊपर भूरे रंग का ओवरकोट, कंधे पर बैटरी, गले में कैमरा। इस तरह से सजा-धजाकर लिओनिद मुझे मिला और उसी क्षण मेरा मित्र बन गया। हम दोनों को कामचलाऊ अंग्रेजी आती थी। अंग्रेजी की बाधा आने पर कथकली जैसे इशारे करके हम रास्ता खोज निकालते थे। जब हम पर इशारे करने की नौबत आती थी तब हम गूँगे जैसे इशारे कर खुद ही हँसते थे।

मॉस्को में मुझे जो मित्र मिले, उनमें फोटोग्राफर, मोटर ड्राइवर, बगीचे में श्रम करनेवाले, होटल में काम करनेवाली लड़कियाँ, लिफ्ट चलानेवाली वृद्ध महिलाएँ आदि थीं। ऐसे मित्रों से ही मुझे रूसी लोगों की आत्मा का परिचय मिला।

सबसे पहले मॉस्को के लोग क्यों दौड़ते हैं? इस सवाल का जवाब मिला। इसके लिए मैंने कई दौड़नेवालों के पीछे दौड़कर, उन्हें रोककर, उस दौड़ का कारण पूछा। कइयों को सामने जाकर रोका। तमाम आयु के लोगों को रोककर सवाल पूछा, "आप दौड़ क्यों रहे हैं?"

और उन चतुर लोगों ने हँसते हुए जवाब दिए। इन जवाबों से एक ही निष्कर्ष निकला कि—

"हमें हमारी सप्तवार्षिक योजना जल्द ही पूर्ण करनी है।"

यह कारण सुनकर मैं हक्का-बक्का रह गया। वे सुन्दर, विनम्र, सभ्य लोग प्रज्ञावान भी हैं, यह मैं समझ गया था। समाजवाद का यश वहाँ की जनता के विचारों की गहराई में है। वहाँ प्रत्येक आदमी अपना हर कदम देशहित में रखता है। उसे भविष्य की उम्मीद लगी है। वह सुख-शान्ति के लिए एक क्षण भी व्यर्थ नहीं गँवाता। इसीलिए तो वहाँ पर नम्रता, सभ्यता फूलों समान फूल रही है। सुख की महक चारों ओर महक रही है।

यहाँ के लोगों ने चालीस साल असीम त्याग किया है। रक्त, अश्रु और पसीना बहाकर समाजवाद की प्रतिष्ठा बढ़ाई है, रक्षा की है। वे जनता रण में रणपंडित हैं। आक्रमणकारियों की गुफा में घुसकर उन्होंने उनको तबाही किया है। इसके बावजूद ये लोग शान्तिप्रिय हैं।

लिओनिद के कंधे पर हाथ रखकर लाल चौक से मैं क्रेमलिन की ओर जा रहा था। मेरे मुँह में सिगरेट थी, पर जेब में माचिस नहीं थी। इसलिए सिगरेट होंठों में दबाकर चल रहा था। सामने से एक आदमी आया। नजदीक आकर उसने फर्र करके माचिस जलाकर मेरी सिगरेट जला दी। ऐसा होगा, इसकी मैंने बिलकुल भी कल्पना नहीं की थी। "आप भारतीय?" उस आदमी ने पूछा। और मेरे उसे धन्यवाद देते और हाँ कहते ही वह मुझसे गले मिला और पूछा—

"आपके नेहरू कैसे हैं?"

"बिलकुल स्वस्थ।" मैंने जवाब दिया, "वे आज यूनो में बोल रहे हैं।"

यह सुनकर वह हर्षित हुआ और नेहरू को धन्यवाद देते हुए निकल पड़ा। सोवियत देश नेहरू के प्रति प्रेमभाव रखनेवाला देश है। वहाँ नेहरू के प्रति अत्यन्त आदर है।

लाल चौक के ऊपरी बाजू में एक पुराना चर्च है। वह मजबूत अवस्था में है और लाल चौक क्रेमलिन की शोभा और बढ़ा रहा है। कई श्रद्धालु उसमें जाते हैं। कुछ लोगों को उस चर्च की ओर देखकर अपनी छाती पर क्रॉस के चिह्न बनाते हुए मैंने देखा। इससे स्पष्ट है कि वहाँ पर श्रद्धालुओं की श्रद्धा मुक्त है।

चलते-चलते मैंने लिओनिद से सवाल पूछा,

"आपकी उम्र क्या है?"

"इक्कीस," उसने जवाब दिया।

"काम क्या करते हो?"

"फोटो," कहते हुए उसने कैमरा आगे किया।

"पिताजी क्या काम करते हैं?" मेरे इस सवाल पर वह गम्भीर हो गया। मानो हृदय में पीड़ा हो रही हो, ऐसे ही भाव उसके चेहरे पर दिखाई देने लगे। उसकी जिन्दा नीली आँखों में विलक्षण गम्भीर भाव झलकने लगे। सन्तुलित शब्दों में उसने कहा,

"साते जी, मेरे पिताजी सोवियत देश की रक्षा करते हुए युद्ध में शहीद हुए हैं।"

"विगत महायुद्ध में?"

मैंने पूछा और उसने गर्दन हिलाकर स्वीकृति दी। उस समय उसका चेहरा और चेहरे के भाव देखकर मेरा अन्त:करण भारी हो गया।

"तो फिर आप वीर पुत्र हैं," मैंने कहा और लिओनिद हँस पड़ा। पिता जब शहीद हुए थे, तब मेरा दोस्त तीन साल का था।

अपना जन्मदाता कैसा था, यह उसे पता नहीं था। पिताजी का फोटो देखकर ही उसे पितृदर्शन होते थे।

"शादी हुई है क्या?" उसकी गम्भीरता को एकदम मैंने निकाल फेंका और मेरा उद्देश्य सफल हुआ।

हँसते हुए उसने जवाब दिया, "शादी नहीं हुई, पर जल्द ही होनेवाली है।"

"यानी तय हो गई है?"

"तय ही हो गई है।" उसने कहा, "कुछ ही दिनों में मैं चतुर्भुज हो जाऊँगा।"

"आपकी होनेवाली पत्नी कैसी है?" मैंने जानबूझकर पूछा और वह आनन्द से फूल गया। बताने लगा, "साते जी, मेरी पत्नी खूब-खूब सुन्दर है और गुणवान भी। मैं भाग्यवान हूँ इसलिए वह मुझे मिली है।"

उसके शब्दों से निर्मल गंगा बह रही थी। तनिक भी कृत्रिमता नहीं थी। अन्त:करण से वह अपनी होनेवाली पत्नी का वर्णन कर रहा था। इससे ही उसके मन को मैंने समझ लिया और वह बताता चला—

"उसके बारे में मैं शब्दों में बयान नहीं कर सकता हूँ।"

"बस्स, बहुत कुछ बता दिया," मैंने उसका परिहास किया। रूस के युवक विफल और हताश हुए हैं, उनमें यौन विकृतियाँ फैली हैं, ऐसा कुछ सज्जन आरोप करते हैं। लाल चौक में लिओनिद मानो उन्हें जी जवाब दे रहा था।

"वाकई, तुम्हारी भावी पत्नी पर तुम्हारा प्रेम है?" मेरा यह सवाल सुनकर वह फिर गम्भीर हुआ और तुरन्त उसने अपने हृदय पर हाथ रखकर 'हाँ' कहा।

रशियन युवक प्रेम को बहुत ही मानते हैं, मंगल मानते हैं। हृदय पर हाथ रखकर उसका प्रमाण देते हैं और दूसरा क्या प्रमाण चाहिए? हृदय ही सबसे पवित्र होता है। हृदय ही ईश्वर है—रशिया में।

"फोटोग्राफी करके आपकी गृहस्थी चल जाएगी क्या?" यह सवाल सुनकर वह हँसने लगा। मुझ पर रहम करते हुए उसने कहा, "यहाँ समाजसत्तावाद है और उसने हमें जीवन चिरन्तनता दी है, आप यह भूल गए हैं साते जी...।"

अन्तत: धोखा हुआ ही! अपना अज्ञान प्रकट न हो इसलिए मैंने बहुत ध्यान रखते हुए भी उक्त सवाल पूछकर गलती की। फिर ऐसी गलती न दोहराने का उसी स्थान पर मैंने निश्चय किया।

मॉस्को में पहला भाषण मैंने मराठी में दिया। तब दो दुभाषिए मेरे पीछे खड़े थे। मराठी का अंग्रेजी में और अंग्रेजी का रशियन में अनुवाद होकर ही श्रोताओं के कानों में जानेवाला था। सामने बैठे हुए श्रोतागण भी विद्वान थे। मैं मराठी में बोलनेवाला हूँ, यह सुनकर उन्हें आनन्द हुआ और मैंने आरम्भ किया।

"शायद मराठी में होनेवाला यह भाषण आप पहली बार ही सुन रहे होंगे। किन्तु भारत में महाराष्ट्र एक राज्य है। उस राज्य के साढ़े तीन करोड़ लोग मराठी बोलते हैं और वे लोग भी आपके जैसे नेक, जाँबाज हैं। आपका अफानासी भारत में गया था, तब उसने पहला कदम मेरी मराठी भूमि पर, महाराष्ट्र राज्य में, शिवाजी महाराज मातृभूमि पर ही रखा था। उसी राज्य की मराठी में मैं बोल रहा हूँ...।"

भाषण खत्म होते ही मेरे आगे-पीछे कैमरों की भीड़ लग गई। इसी भीड़ में मुझे एक प्रोफेसर एब्गेनी चेलिषेव मिले। वे शिवाजी महाराज का चरित्र रशियन भाषा में लिख रहे हैं। इसके लिए उन्होंने महाराष्ट्र की एक यात्रा की है। वे उत्तम हिन्दी बोलते हैं। पुणे शहर की कई गलियों को वे जानते हैं। सदाशिव, शनिवार, शिवाजीनगर पुणे शहर की इन गलियों के नामों का जिक्र वे करने लगे तब मेरी हालत पतली हो गई। यदि इन प्रोफेसर महाशय ने मुझसे जिलब्या मारूती की खयाली खुशहाली पूछ ली तो मैं क्या बताऊँगा, यह

सोचते हुए मेरा चेहरा उतर गया था। मैंने विषय परिवर्तन किया। शिवाजी महाराज के बारे में जब उन्होंने मुझसे प्रश्न पूछे, तब मैंने म. म. पोतदार, प्रा. न. र. फाटक, आचार्य अत्रे आदि नाम बताकर खुद को बचाया। उसी समय मुझे समझ में आया कि ये मॉस्को के नागरिक विचारों से हमारे मुम्बई, पुणे, दिल्ली आदि शहरों में ही घूम रहे हैं। उन्होंने लो. तिलक, पं. नेहरू के चरित्र प्रकाशित किए हैं, जल्द ही शिवाजी महाराज का चरित्र भी प्रकाशित करनेवाले हैं। टैगोर का साहित्य तो सर्वत्र पढ़ा जाता है। रामायण, महाभारत आदि ग्रंथों का अनुवाद तो पहले ही हो चुका है।

ऐसे लोगों में घूमते हुए, उनसे बातें करते हुए, जो आनन्द प्राप्त होता है, जो विनोद अवतरित होता है, उसका अनुभव लेने के लिए मॉस्को ही जाना चाहिए और उस लाल तारे के नीचे खड़े होकर आनन्द लूटना चाहिए। यह भाग्य मुझे प्राप्त हुआ है। इसलिए तो मैंने उस लाल तारे के नीचे खड़े होकर उस आनन्द की अनुभूति की।

5

बाकू की ओर

स्टालिनग्राड देखकर हम अजरबैजान की राजधानी बाकू शहर की ओर निकल पड़े थे। सुबह सात बजे विमान ने उड़ान भरी और वह दिन भर आसमान में भ्रमण करनेवाला था। खिड़की के पास बैठकर मैं धरती देख रहा था। किन्तु बादलों की पर्त के कारण उसके दर्शन नहीं हो रहे थे। प्रतिनिधिमंडल के एक सभासद चटर्जी नींद ले रहे थे। दूसरे पुष्कराज भट प्रभावित होकर सोवियत देश पर चर्चा कर रहे थे। डॉ. दयालु आराम कर रहे थे। कॉ. बारनिकोव तो कुछ पढ़ रहे थे। मद्रास के जेकब जीम उठकर मेरी बाजू में बैठते हुए बोले,

"साठेजी, पालम हवाई अड्डे पर आपको देखा तब हमारा अनुमान था कि यह आदमी मूर्ख होगा। किन्तु वह गलत था, यह अब सिद्ध हुआ है क्योंकि इस देश में आपको चाहनेवाले बड़ी संख्या में हैं। सच में आप लेखक हैं इसमें कोई सन्देह नहीं है। आपके भाषण भी फायरब्रांड होते हैं, इसलिए मुझे बहुत आनन्द आता है। किन्तु मेरा गिटार गुम हो जाएगा आपकी यह भविष्यवाणी गलत है।"

मैंने कहा, "यह सोवियत देश है। यहाँ असम्भव जैसा कुछ भी

नहीं। इस देश में भी आदमी रहते हैं। जहाँ रामायण गुम हो जाता है, वहाँ गिटार क्या करेगा।"

यह सुनते ही जेकब का चेहरा फिर उतर गया। उसने कहा, "ठीक है। किन्तु गिटार गुम हो जाने की खुशी आपको नहीं मिलेगी।" उन्होंने अपने गिटार पर एक नजर डाली और आँखें बन्द कर लीं।

और मेरी आँखों के आगे प्रसंग झलकने लगे। हमने रूस में क्या-क्या देखा, इसकी एक शृंखला ही आँखों के आगे सरकने लगी।

रूस में मैंने एक नई सृष्टि देखी। एक नया समाज देखा। समाजवाद की छाया में पले-बढ़े बच्चे और फूल देखे। यदि मैंने सोवियत देश नहीं देखा होता तो मेरे जीवन में एक बहुत बड़ा खालीपन रह गया होता।

मैंने कई स्कूल, कॉलेज और विश्वविद्यालय भी देखे। कई छात्रों से संवाद किया। मुझे कई अध्यापक मिले। दवाखाने देखे और सामुदायिक खेती भी देखी। इस दरमियान मुझे कई अनुभव हुए। एक स्कूल में मुझे एक अध्यापक मिले। दिखने में वे भोले लग रहे थे। यूँ ही मैंने उनसे सवाल पूछा, "आपके देश में निरक्षरता का परिमाण कितना है?"

तब उस सीधे लगनेवाले अध्यापक ने गम्भीर मुद्रा बनाकर कहा,

"होगा सात प्रतिशत।"

"ये सात प्रतिशत अनाड़ी क्यों रह गये?" मैंने दूसरा सवाल किया और वे महाशय अपनी गम्भीरता बढ़ाते हुए बोले, "ये सात प्रतिशत लोग अनाड़ी इसलिए हैं क्योंकि वे चल नहीं पाते हैं। कुछ लोग पालने में आराम कर रहे हैं; तो कुछ माँ के पेट में हैं।"

इस तरह का जोरदार स्पष्टीकरण सुनकर मैं भौचक रह गया और हँसने लगा। पर सच में गलती मेरी थी। इसका एहसास होते ही स्थिति में परिवर्तन हुआ। मैंने कहा, "अजी, मैंने मजाक किया है।"

विनम्रता से उस आदमी ने भी कहा, "मैं क्या कह रहा हूँ, मैंने भी मजाक किया है।" फिर हम दोनों दिल खोलकर हँस पड़े।

रशिया में शिक्षण की गंगा बह रही है और लोगों को ज्ञान का चस्का लगा हुआ है इसीलिए तो उन्नति ने उनका आँचल थाम लिया है। फूल, फल, बच्चे और इनसान समान स्तर पर हैं। वहाँ के समाज में कहीं पर भी विषमता नहीं है।

वह देश मुक्त लोगों का, स्वायत्त लोगों का और परिश्रमी लोगों का है। वहाँ थोड़ी भी गरीबी शेष नहीं है। चालीस साल में समाजवाद ने उस देश में अमरापुरी निर्माण की है। और वह नई दुनिया नित्य विकसित हो रही है। हर दिन नई बहार आ रही है।

घर की गन्दगी रास्ते पर फेंकनेवाला वहाँ पर एक भी व्यक्ति नहीं है। इतना ही नहीं, बल्कि रास्तों को अपना ऐश्वर्य मानकर उस पर जली हुई तीली तक ये लोग नहीं फेंकते हैं। उस देश की हर चीज पर उनका अधिकार है, इसलिए वे उसका ध्यान रखते हैं। मॉस्को के गोर्कीपथ को गन्दा करना देश की बेइज्जती करने जैसा पाप माना जाता है। स्टालिनग्राड के स्मारकों के बारे में किया हुआ अनादर उन्हें अच्छा नहीं लगता। कॉ. लेनिन और स्टालिन, ये नाम उन्हें बहुत प्रिय हैं। वे उनके वीर योद्धा हैं। लेनिन नाम का उच्चारण वे बहुत ही सम्मान एवं सावधानी से करते हैं।

यदि मैंने रूस की प्रगति के आँकड़े जमा किए होते, तो शायद आँकड़ों का पहाड़ ही बन जाता। इसलिए आँकड़े जमा नहीं किए। सिर्फ अवलोकन कर रहा था। सँभलकर बोल रहा था। मैं समाजवाद की सफलता देख रहा था और अपयश खोज रहा था। ऐश्वर्य के साथ गरीबी भी ढूँढ़ रहा था। किन्तु मुझे वह गरीबी नजर नहीं आ रही थी। गरीबी कभी छिपती ही नहीं है।

कोई झूठी सत्ता पहाड़ समान सच छिपा सकती है, किन्तु वह गरीबी नहीं छिपा सकती, ऐसा मेरा मानना है, और यह सच है, यह मेरा दावा है। क्योंकि दारिद्र्य बहुत क्रूर एवं नग्न होता है। उसके निशान आदमी के मन, हृदय और चेहरे पर स्पष्ट दिखाई देते हैं।

इसलिए निडरता से कह सकता हूँ कि सोवियत संघराज्य में दारिद्र्य नाममात्र भी शेष नहीं है। महान अक्तूबर क्रान्ति ने वह क्रूर शब्द ही वहाँ भस्म कर डाला है, इसलिए उनकी प्रगति की उड़ान आसमान छू रही है।

मैंने पुतले, पाठशाला और कई बगीचे देखे। हर जगह मुझे शिक्षण नजर आया। जगह-जगह पर जो पुतले हैं, वे एक प्रकार का शिक्षण ही दे रहे हैं। निरुपयोगी चीजों का अनावश्यक प्रदर्शन वहाँ पर नहीं किया जाता है, ऐसी मेरी धारणा बन गई। उस देश में हर एक चीज जीवन-अलंकार ही होती है।

बाकू की ओर जा रहा हमारा विमान जब कास्पियन समुद्र पर से गुजर रहा था, तब मैंने नीचे देखा। हर तरफ हरी धरती का नजारा मिला। कास्पियन समुद्र लाँघ लिया तो हमें बाकू में पहुँचने की सूचना मिली। पट्टा बाँध लीजिए ऐसा लाल सूचना पट्ट नजर आने लगा। वह सम्पूर्ण दिवस हमने विमान में ही यानी आसमान में ही बिताया था। अन्तरिक्ष के अखंड दबाव के कारण सबके सिर सन्न हो रहे थे और सभी काफी थक गए थे। बहुत ऊब चुके थे, सो सबको ऐसा लग रहा था कि अन्ततः इस विमान से बाहर निकल पड़ें।

विमान के हवाई अड्डे पर उतरते ही हम सकुचाते हुए बाहर निकले। अजरबैजान के मित्र पुष्प लेकर हमारे स्वागत के लिए पहुँचे हुए थे। उसमें प्रतिष्ठित लोगों, समाचार-पत्र के प्रतिनिधियों, रेडियो, टेलीविजन के संवाददाताओं और फोटोग्राफर आदि की काफी भीड़ थी। चारों ओर शोर मचा और इसी गड़बड़ी में मद्रास के जेकब अपना गिटार भूलकर मोटर में आ बैठे। बाकू शहर तक गिटार लापता होने की बात किसी के भी ध्यान में नहीं आई।

और जब गिटार गुम हो जाने की बात का जेकब को पता चला, तब उसे बहुत दुख हुआ। किन्तु उसे गिटार गुम हो जाने का दुख नहीं हुआ बल्कि मेरी भविष्यवाणी सच हुई थी, इसका दुख हुआ।

वह बन्द मुट्ठी बन्द ही रखकर चुप था। उसने गिटार के बारे में कुछ नहीं कहा और कहा भी होगा तो मुझे पता न चले, इसका ध्यान रखकर ही इस बारे में गतिविधि की।

फिर गिटार की खोजबीन शुरू हुई। हवाई अड्डे की ओर गाड़ियाँ दौड़ पड़ीं। फोन किए। तब तक उस गिटार को लेकर विमान मॉस्को की ओर दूर जा चुका था।

दो दिन के बाद गिटार वापस बाकू आया तब जेकब को बहुत आनन्द हुआ और सोवियत संघराज्य के योजनाबद्ध व्यवहार पर मुझे आश्चर्य हुआ। इस दौरान कैमरा, पेन, रामायण और गिटार ये चीजें लापता भी हुईं और फिर प्राप्त भी हुईं। इससे पता चला कि सोवियत देश के लोग बहुत ही व्यवहारदक्ष हैं।

अजरबैजान का वातावरण, रीति-रिवाज कुछ-कुछ अपने जैसे ही लगे। कुछ शब्द पहले सुने जैसे लगे और मुझे अपनी भारत भूमि के समीप होने का आभास हुआ। अजरबैजान सोवियत संघराज्य के पन्द्रह घटक राज्यों में से एक है, जो एशिया खंड का एक मुस्लिम राष्ट्र है। किन्तु समाजवाद ने, अक्तूबर क्रान्ति ने उसका जीवन ही बदल दिया है। मतलब यह कि आज अजरबैजान ऐश्वर्य की चरम सीमा पर है। यहाँ लोग लेनिन को अपने सोवियत संघराज्य का और अक्तूबर क्रान्ति का पितामह मानते हैं। कॉ. किरोव को तो ये लोग बहुत चाहते हैं क्योंकि उनकी ही कोशिश से पहला ट्रैक्टर अजरबैजान में आया और इस राष्ट्र की तरक्की की शुरुआत हुई। यहाँ के लोग कॉ. किरोव का बहुत ही सम्मान करते हैं।

आज वहाँ प्रत्येक आदमी मुक्त और आजाद है। वह गर्व से बताता है कि 'हम आजाद हैं।' और उनका यह गर्व जायज भी है।

बाकू हवाई अड्डे पर कदम पड़ते ही मुझे हमीद साहब मिले और तुरन्त मेरे दोस्त बन गए। अट्ठारह साल पहले मैंने स्टालिनग्राड की लड़ाई पर पोवाड़ा (मराठी वीर गीत) लिखा था, और मैं श्रमिक

हूँ इन दो चीजों के कारण मेरे प्रति उनका स्नेह भाव कुछ ज्यादा ही था। वे मुझे 'शाहीर अजीज' कहकर पुकारने लगे। उनका यह सम्बोधन मैं इस जीवन में कभी नहीं भूलूँगा क्योंकि उनके उस सम्बोधन में दुनिया की सर्वश्रेष्ठ मंगल भावना समाई हुई थी।

6

सम्पन्न बाकू

सोवियत संघराज्य में बाकू शहर चौथे पायदान पर है। प्रथम मॉस्को, दूसरा लेनिनग्राड, तीसरा खार्कोव और चौथा बाकू, यह क्रम है। हम जब पहुँचे उसी रात नौ बजे हमीद साहब (मेरे अजीज) आए और बोले, "चलो जरा बाकू देखकर आते हैं।"

बाकू के आह्लादपूर्ण वातावरण में हमारी थकान कब की मिट गई थी। हम तुरन्त निकल पड़े। बाकू शहर के पीछे कास्पियन समुद्र और सामने ऊँचा टीला है। उस टीले पर कॉ. किरोव का भव्य पुतला समुद्र की ओर हाथ रोककर खड़ा है। मानो वे भाषण देते हुए कह रहे हैं कि अजरबैजान, इस कास्पियन समुद्र में तेलरूपी अपार सम्पत्ति छिपी हुई है उसे बाहर निकालो।

उस पुतले के पैरों के पास खड़े होने पर सम्पूर्ण बाकू शहर दिखाई देता है। देखकर ऐसा लगता है कि मानो आसमान से इन्द्रधनुष को इनसान ने झुकाकर जमीन पर बिछा दिया है और उसका ही नाम बाकू रखा है। इतना वह शहर अप्रतिम और खूबसूरत दिखता है और मन दंग रह जाता है।

लौटते समय हमीद साहब ने मुझसे पूछा, "शाहीर अजीज, बाकू कैसा दिखता है?"

"आप अमीर हैं!" मैंने जवाब दिया, पर यह उन्हें अच्छा नहीं लगा।

नाराज होकर उन्होंने कहा, "आप हमें अमीर मत कहिए। आप हमें आजाद कहिए!"

"आप आजाद हैं यानी आप वैभवशाली हैं इसीलिए अमीर हैं।"

मेरा यह स्पष्टीकरण सुनकर वे हँसने लगे और सुनने लगे। मैंने कहा, "मॉस्को देखना चाहिए शाम को, लेनिनग्राड देखना चाहिए दिन में, स्टालिनग्राड की मर्दानगी युद्ध में और बाकू का सौन्दर्य देखना चाहिए यहाँ खड़े होकर, ऐसी मेरी धारणा बन गई है।"

मेरे इन विचारों पर हमीद साहब बहुत खुश हुए। अजरबैजान कवियों का देश है, परिणामत: मेरा उक्त कथन उन्हें इतना अच्छा लगा कि उन्होंने उसे तुरन्त कंठस्थ कर लिया।

और यह मेरा कथन दूसरे दिन रेडियो पर मुझे ही सुनाई दिया। मुझे यह बताया गया कि बाकू शब्द का अर्थ होता है—'अग्नि'। तब मुझे आश्चर्य हुआ कि यह आग इतनी सुन्दर कैसे? बाकू शहर के आजू-बाजू में हजारों तेल के कुएँ हैं। तेल यानी आग। शायद इसलिए इस शहर को आग (बाकू) नाम दिया होगा। बाकू परिसर में अनेक नहीं बल्कि हजारों तेल के कुएँ हैं, उनमें से कुछ तो सौ वर्ष पुराने हैं, तो कुछ दस साल के हैं। उनमें से कुछ ढाई मील तक गहरे हैं।

धरती के पेट से अपार तेल निकालकर यह देश सम्पन्न बन रहा है। धरती से तेल निकालने में इस देश के लोग प्रवीण हो चुके हैं।

अब तो इन्होंने समुद्र पर आक्रमण आरम्भ कर दिया है। प्रकृति से कड़ा संघर्ष शुरू करने लगे। कास्पियन समुद्र में कई मील अन्दर जाकर इन्होंने समुद्र पर एक छोटा-सा शहर ही निर्मित किया है। उस शहर तक समुद्र पर रास्ता तैयार किया है। उस रास्ते से उस शहर को दुनिया से जोड़कर एक नया आश्चर्य स्थापित किया है।

कास्पियन समुद्र में बने उस शहर में रहनेवाले लोग पानी की थाह लेकर समुद्र के नीचे गोता लगाकर समुद्र की निचली सतह से तेल निकाल रहे हैं और वह तेल समुद्र से सीधे एक नल द्वारा उचित स्थान पर पहुँचता है। किन्तु इस कार्य में लोग प्रकृति के साथ भयंकर संघर्ष कर रहे हैं। कई बार प्राण भी गँवाने पड़ते हैं। लेकिन ये लोग किसी भी तरह की कोताही नहीं बरतते हैं। क्षुब्ध कास्पियन समुद्र का सभी यंत्र सामग्री की सहायता से प्रतिकार करके प्रकृति पर नित्य अपना प्रभुत्व रखते हैं। इसलिए इन अजरबैजानी लोगों का जीवन सुखी एवं समृद्ध हुआ है। शिक्षण तो इनका स्थायी भाव बन चुका है।

बाकू में हम एक मसजिद में गए। वहाँ काजी साहब ने हमारा स्वागत किया। सोवियत देश में धार्मिक कार्य करने पर पाबन्दी है, इस तरह का जो झूठा प्रचार किया जाता है, उसका बाकू में जवाब मिल गया। वहाँ पर कई अजरबैजानी आकर नमाज अदा करते हैं। वापस लौटते समय काजी साहब ने भारतीय मुसलमानों को अभिवादन पहुँचाने की विनती की। उसको सादर स्वीकार करके हम विदा हुए।

उसी दिन हमने अजरबैजान सुप्रीम सोवियत के अध्यक्ष से भेंट की। उस आलीशान इमारत में प्रवेश करते ही एक रेड आर्मी पर्सन ने जोर से पैर पटककर सैल्यूट किया तो मैं हँस पड़ा क्योंकि मुझे आश्चर्य हुआ कि कहाँ मैं और कहाँ अजरबैजान।

सुप्रीम सोवियत के अध्यक्ष बहुत स्नेही, विनम्र और विद्वान हैं। उन्होंने हमारा हार्दिक स्वागत किया। फिर बातें शुरू हुईं।

अपनी सोवियत यात्रा के दौरान मैं किसी से भी कोई प्रश्न नहीं पूछता था। किन्तु रशियन लोगों का हर शब्द दर्ज करता था। हमारे लखनऊ के पुष्कराज ने उनसे एक सवाल पूछा कि "आप अजरबैजान के अध्यक्ष हैं, आप सोवियत संघराज्य के अध्यक्ष को कौन-सी भाषा में पत्र लिखते हैं?" यह सवाल सुनकर हँसते हुए उन्होंने कहा, "मुझे

रशियन और अजरबैजानी ये दोनों भाषाएँ आती हैं और हमारे अध्यक्ष को अगर अजरबैजानी भाषा की जानकारी नहीं है, तो फिर उन्हें अजरबैजान की भाषा में पत्र लिखने से उनका काम सरल होगा या कठिन? रशियन आदमी स्वयं अपना काम कठिन नहीं बनाता है।"

दूसरे दिन हम बाकू से एक सौ अस्सी किलोमीटर दूरी पर एक सामुदायिक खेती देखने निकल पड़े। रास्ते में हमने कई देहात देखे। अब सोवियत संघराज्य में विलक्षण चमत्कार घटित हुआ है। गाँव और शहर में कोई फासला नहीं बचा है। गाँव भी अब शहरों का दर्जा हासिल कर चुके हैं। वे छोटे हैं और वहाँ के लोग खेती का काम करते हैं। इसीलिए उन्हें गाँव कहना पड़ता है, बस इतना ही फर्क है। हमारी मोटर एक नदी के बगल में चलने लगी। वह नदी घने जंगल से पानी के साथ बालू को बहाकर ले जा रही थी। बीच में बालू का एक ढेर था और उस पर एक आदमी औंधा लेटा था। उसके कपड़े बिलकुल मटमैले दिख रहे थे। उसे देखते ही मुझे विश्वास हुआ कि वह कोई गरीब और अभागा व्यक्ति होगा, जो मर चुका है।

मैंने मोटर रोकने को कहा और बाहर निकल पड़ा। समाजवादी देश में वह मुझे पहला दरिद्र और लावारिस नजर आया। मैंने हमीद साहब से इसकी वजह पूछी। सभी मोटर के बाहर निकल पड़े और उस आदमी को आवाज देने लगे किन्तु वह टस से मस नहीं हो रहा था। उसके चारों ओर पानी बह रहा था, इसलिए उसके पास नहीं जा सकते थे और मैं वहीं पर खड़ा था। हम सब जोर से चीखे-चिल्लाए, कोई फायदा नहीं हुआ। वह निश्चित ही मर चुका होगा, मुझे विश्वास हो गया।

फिर अन्तिम उपाय शुरू हुआ। हमारे साथ जो थे वे सब उस औंधे पड़े आदमी को बालू के कंकड़ फेंककर मारने लगे। मानो एक प्रकार से उस पर पथराव शुरू हो गया। किन्तु किसी का भी

पत्थर उस तक नहीं पहुँच रहा था और वह अचेत पड़ा हुआ था।

अन्ततः कुवाके मेयर को सफलता मिली और उनका पत्थर उसके पेट पर जा गिरा। वह झट से उठ खड़ा हुआ और मैं लावारिस लाश नहीं हूँ, इसका उसने साक्ष्य दिया। मेरा एक भ्रम दूर हो गया। "तुम क्यों लेटे हो?" मेयर ने पूछा, तब दाहिने हाथ का अँगूठा मुँह को लगाते हुए उसने जवाब दिया, "सुबह थोड़ी पी ली है और धूप खिली है इसलिए शान्ति से लेटकर आराम कर रहा हूँ।"

यह सुनकर और उसने उस खौफनाक आराम को देखकर मैं होश में आया। बाद में मुझे यह भी समझ में आया कि आराम करनेवाले के पहने हुए मटमैले कपड़े बहुत ही महँगे हैं।

सामुदायिक खेती देखने के बाद मैं एक दोमंजिले घर में घुस पड़ा। मेरे पीछे सभी लोग चले आए। वह एक किसान का घर था। वहाँ दस लोग रहते थे। उनमें से पाँच खेती में काम करते थे और पाँच बच्चे पाठशाला में पढ़ते थे। इस घर में मुझे दो रेडियो, एक टेलीविजन और एक टेलीफोन दिखाई दिया। हर एक के लिए अलग कमरा, पलंग, गद्दियाँ, आईने आदि देखकर मुझे अपने यहाँ के पुराने सरदारों का ऐश्वर्य याद आ गया।

रूस में मुझे सभी जगह ऐसी ही अनुभूति हुई। कहीं भी विषमता पर नजर नहीं पड़ी। सभी ओर जीवन का एक ही स्तर है और वह निरन्तर विकसित हो रहा है। इस यात्रा में मैंने विमान, रेल, मोटर और पैदल इन तमाम साधनों का इस्तेमाल किया और वह महान देश देख लिया। मुझे आनन्दित, स्वच्छन्द, विनम्र और होशियार लोग मिले। ताशकन्द से बाकू की दूरी बहुत ही ज्यादा है और इस दूरी को काटते हुए मैं जा रहा था। किन्तु मुझे एक भी दुर्बल, निकम्मा, भिखारी, भूखा और आलसी आदमी नहीं दिखाई दिया। इसकी वजह है समाजवाद।

कॉ. लेनिन ने वहाँ समाजवादी दुनिया निर्मित की है। वह मुझे

स्वप्नसृष्टि के समान लग रही थी और मैं स्वप्नसृष्टि में यात्रा कर रहा था।

रूसी आदमी बहुत चाव से भोजन करता है। खूब पीता है। वहाँ पानी नहीं पीते हैं। वह भरपूर आराम भी करता है क्योंकि वह बहुत श्रम करता है। श्रम करना उसका अद्यकर्तव्य है। श्रम ही वहाँ धर्म है। रूसी आदमी इस धर्म का नितान्त पालन करता है और यही उनकी प्रगति का प्रमाण है।

वह जितना प्रेम कारखानों से करता है उतना ही अपनी कला से भी। रूसी आदमी बहुत ही कलाप्रेमी है, इसका अनुभव मुझे मॉस्को के प्रख्यात बोल्शीवी थिएटर में हुआ। वहाँ मैंने 'पत्थर के फूल' ऑपेरा देखा। उस समय थिएटर में एक भी कुर्सी खाली नहीं थी। थिएटर खचाखच भरा था और दो सौ कलाकार उनके आगे एक ही समय में रंगमंच पर सूत्रबद्ध अभिनय कर रहे थे। दो सौ वाद्यवृंद संगीत स्वरों की रचना से वातावरण पर जादू डाल रहे थे। संगीत ने वहाँ इन्द्रधनुष का निर्माण कर दिया था। प्रत्येक अंक प्रस्तुति के लिए संगीत दिग्दर्शक का प्रदीर्घ तालियों से स्वागत किया जा रहा था। रूसी आदमी मात्र श्रम ही नहीं करता है बल्कि कला की कद्र भी करता है। तात्पर्य यह कि उसका जीवन पूर्णतः सफल एवं समृद्ध है। मॉस्को, लेनिनग्राड, स्टालिनग्राड और बाकू शहरों में मुझे बिलकुल विषमता दिखाई नहीं दी। मगर सबकी वैशिष्ट्यपूर्ण रचना, पृथक और अलग लगी।

तीन दिन बाकू देखने के बाद उस महान बाकू और अजरबैजान की राजधानी से हमने रुखसत ली। अजीज हमीद साहब मुझे जाने नहीं दे रहे थे। वे गम्भीर तथा गमगीन लग रहे थे। मैं भी मन-ही-मन दुखी हो रहा था।

7

कला का पीहर

ठीक सात बजे हमारा विमान ताशकन्द हवाई अड्डे पर पहुँचा। सूर्य अस्ताचल की ओर जा चुका था और ताशकन्दवासी मित्रों ने हवाई अड्डे पर जमावड़ा लगाया हुआ था। कई युवक-युवतियाँ पुष्पगुच्छ लेकर हमारे स्वागत के लिए हाजिर थे।

उस भीड़ में सबसे आगे थे कॉ. नबी मोहम्मद। दिखने में वे सिने अभिनेता जैसे थे किन्तु वे सिने अभिनेता नहीं थे, सुप्रसिद्ध साहित्यकार थे। उन्हें हिन्दी, उर्दू, अरबी, फ्रांसीसी, जर्मन, रूसी आदि भाषाएँ आती थीं। हाल ही में उन्होंने भारतीय उर्दू कवि सरदार जाफरी की कविताओं का उज्बेकी भाषा में अनुवाद किया था। वे भारत-रूस मैत्रीसंघ के प्रधान सचिव हैं। उन्होंने हमारा स्वागत किया और उसी समय वे मेरे मित्र बन गए।

उज्बेकिस्तान पहले धधकते हुए रेगिस्तान के रूप में प्रसिद्ध था। रूस में महान समाजसत्तावादी क्रान्ति के लगभग सात वर्षों के बाद यह सोवियत संघराज्य में शामिल हुआ। फिर उसकी गति अबाध रही। वीरान रेगिस्तान में नन्दनवन फूलने लगा और श्रमजीवी मनुष्य के श्रम से रेत में सोने की फसल लहराने लगी।

आज उज्बेकिस्तान की उन्नति को देखकर लोग दाँतों तले उँगली दबा लेते हैं। पहले यहाँ खौफनाक बुरका पद्धति प्रचलित थी। स्त्रियों को बुरका पहनना पड़ता था। पर आज वहाँ पर एक भी बुरका दिखाई नहीं देता है। महत्त्वपूर्ण ओहदों पर महिलाएँ नजर आती हैं। इसका एक उदाहरण यह कि उज्बेकिस्तान इस घटक राज्य के अध्यक्ष पद पर एक महिला ही आसीन हैं और वहाँ के सभी लोग इसके साक्षी हैं। जहाँ-जहाँ मैं गया वहाँ-वहाँ मुझे सोवियत देश की प्रगति के साथ सोवियत कला के भी दर्शन हुए। वहाँ की जनता पर कला का उन्माद सवार है!

अपने यहाँ जिस तरह के तौल यंत्र होते हैं वैसे मैंने मॉस्को में देखे किन्तु वे तौलने के बजाय दो रूबल मुँह में डालने के बाद गिलास भर ठंडा शरबत देते हैं। यह बताने का तात्पर्य यह है कि रूस में यंत्र लोगों की मेहमान की तरह सेवा करते हैं। शरबत परोसनेवाले यंत्र से लेकर दिगंतक को भेदनेवाले रॉकेट तक की उनकी प्रगति सर्वश्रुत है। आसमान में उड़ान भरनेवाला रॉकेट मैंने नहीं देखा किन्तु जो अन्तरिक्ष से लौटे हैं, उन्हें जरूर देखा। उन्हें मैं तुरन्त भूल गया और सोवियत कला तथा जीवन देखने में मशगूल रहा। मॉस्को के बोलशाय थिएटर में मैंने 'पत्थर के फूल' नृत्यनाटक देखा। प्रथम झाँकी में ही वह नाट्यगृह देखकर मैं मंत्रमुग्ध हो गया। उसकी भव्य रचना, सुनहरे रंग की गैलरी, सामने भव्य रंगमंच और लाल मखमली कुर्सियाँ, यह सब कुछ अप्रतिम है। इसी तरह से इस रंगभूमि यानी नाट्यगृह की प्रतिष्ठा भी महान है।

सैकड़ों वादक संगीत के इन्द्रधनुष का निर्माण कर रहे थे और उस नाद पर सैकड़ों कलाकार अपनी कला का सुन्दर आविष्कार प्रस्तुत कर रहे थे। एक भी कलाकार विचलित नहीं हो रहा था, किसी के कदम गलत नहीं हो रहे थे। एक युवती तो पैर के अँगूठे पर लट्टू जैसी गोल-गोल घूम रही थी। रूस के लोग अपने कलाकारों

को कितना लाड़-प्यार करते हैं, इसे भी मैंने देखा। अंक-समाप्ति पर दीर्घ तालियों की गूँज होती थी। फिर सभी कलाकार प्रेक्षकों के सामने आते थे और लोग फिर तालियों की गति बढ़ाते थे। इसे कहते हैं हार्दिक प्यार-दुलार।

मॉस्को में मैंने और एक नाटक देखा। वह नाटक छोटे बच्चों ने छोटे बच्चों के लिए प्रस्तुत किया था। वह थिएटर ही छोटे बच्चों का है, वहाँ नित्य छोटे बच्चों के लिए नाटक प्रस्तुत किए जाते हैं। और आश्चर्य यह कि वहाँ छोटे प्रेक्षकों की खूब भीड़ होती है। टिकट के लिए कतार लग जाती है। उन सब के भिन्न-भिन्न रूप, रंग-बिरंगे कपड़े और भागम-भाग देखकर मैं दंग रह गया!

रूस के सभी सिनेमा और नाटक-गृहों में प्रस्तुति के पूर्व कर्ण कर्कश घंटा नहीं बजाया जाता है। प्रस्तुति आरम्भ होते ही सभी दीये बार-बार बुझाकर जलाए जाते हैं। फिर प्रेक्षक अपना स्थान ग्रहण करते हैं।

लेनिनग्राड में मैंने एक सिनेमा देखा। देर से आने की वजह से मुझे अग्रिम कतार में जगह मिली थी। सिनेमा आरम्भ होते ही थिएटर में मोटर पर बैठकर चलने का आभास हुआ। सबसे आगे मैं था, इसलिए सबसे आगे कहीं तो जा रहा हूँ, ऐसा आभास होने लगा। धीरे-से मैं आजू-बाजू देखने लगा। आया-आया कहते हुए एक बड़ा फव्वारा नजदीक आया। उससे पानी के छींटे उड़ रहे थे। उस फव्वारे के नजदीक जाते ही पानी बदन पर गिर जाएगा, यह सोचकर बदन चुराकर मैं नीचे झुक गया तो आजू-बाजू के सभी प्रेक्षक हँसने लगे। लज्जित होकर मैंने इधर-उधर देखा और सामने कॉ. लेनिन का भव्य पुतला हमारी ओर आया। तुरन्त कॉ. लेनिन भाषण देने लगे। उन्होंने अपना वह ऐतिहासिक, ऊँचा उठाया हुआ हाथ और ऊँचा उठाया और महान अक्तूबर क्रान्ति का आरम्भ हुआ। क्रान्ति वीरों ने पहला दरवाजा गिरा दिया और अन्दर प्रवेश किया। इस सिनेमा का तंत्र ही

बड़ा विलक्षण था। प्रेक्षकों को वह सभी ओर घुमा रहा था। कभी रेल से तो कभी विमान से। ऐसा प्रतीत हो रहा था कि हम सब रूस की यात्रा कर रहे हैं।

जिस दिन ताशकन्द पहुँचे थे उसी दिन मुझे सुन्दर नाटक 'दिलाराम' देखने का अवसर प्राप्त हुआ। यहाँ भी हम देर से थिएटर में पहुँचे। तब नाटक शुरू हो गया था और सारे टिकट खत्म हो चुके थे। नाउम्मीद होकर हम सब यूँ ही इधर-उधर देखने लगे और उसी वक्त भारतीय मेहमान बाहर पधारे हैं, और उन्हें टिकट नहीं मिले हैं, यह खबर अन्दर बैठे प्रेक्षकों तक पहुँच गई। तुरन्त आठ प्रेक्षक बाहर निकल पड़े और उन्होंने अपने टिकट हमें दे दिए। फिर हम सब उनके स्थान पर आसीन हुए। मेहमानों के सम्मान की यह उदात्त भावना मुझे अनुपम लगी। यह बहुत महानता और बहुत पूजनीय समझदारी है! हम अपने मेजमानों के स्थान पर आसनस्थ होकर नाटक देख रहे थे। यह 'दिलाराम' नाटक रंगमंच पर प्रस्तुत करने के लिए सरकार ने लाखों रूबल खर्च किए थे, यह मेरे लिए नई जानकारी थी। लाखों रूबल खर्च करके रचा गया नाटक कैसा होगा? इसलिए मैं बहुत ही ध्यान से उसका निरीक्षण करने लगा। पहले ही प्रवेश में मैं समझ गया कि इस समाजवादी देश में रंगमंच ऐश्वर्य की बुलंदी छू रहा है। उस रंगमंच पर एक समय कई लोग दिखाई दे रहे थे। कभी प्राचीन बाजार लग जाता था, तो कभी हम फुलवारी देखते थे। भव्य राजभवन, ऊँचे नगर द्वार, भयानक कारागृह, लोहे की बड़ी-बड़ी शृंखलाएँ और शक्तिशाली सैनिक आदि, यह सब देखकर मैं तो अपने आपको भूल गया।

उस नाटक की कथावस्तु बहुत ही सरल थी। एक गरीब लड़की एक चित्रकार पर मोहित होती है। बेहराम एक बार उस लड़की को देखता है और जोर-जबरदस्ती कर उसे अपनी रानी बनाता है। फिर वह चित्रकार पागल समान अपनी प्रियतमा को खोजते हुए राजधानी

पहुँचता है। वह रानी पालकी में बैठकर बाजार में आती है और वहाँ पर दोनों की भेंट हो जाती है। उनके दग्ध मन फिर से हर्षोल्लसित हो जाते हैं। किन्तु जल्द ही इसकी खबर राजा तक पहुँचती है और राजा उस चित्रकार को कारागृह में डाल देता है। आगे वह लड़की अपने प्रियतम के साथ वहाँ से भाग जाती है, किन्तु रेतीले तूफान की चपेट में आकर वे दोनों मर जाते हैं।

यह सरल कथा उस नाटक में बहुत ही भव्य रूप में प्रस्तुत की गई थी। देखनेवाला चकित हो जाता था। इस नाटक में कला और तंत्र का सुन्दर समन्वय हुआ था। रेगिस्तान का वह तूफान बिजली की सहायता से सम्भव किया गया था किन्तु उसे देखते समय डर लग रहा था। बड़ी तन्मयता से मैं नाटक देख रहा था। कई बार जोर से हँस भी रहा था। तब मेरे पास बैठे हुए एक प्रेक्षक ने पूछा, “आपको रूसी भाषा समझ में आती है?”

मेरे ‘नहीं’ कहने पर, “फिर क्यों हँस रहे हो?” उसने पूछा और मैंने जवाब दिया, “सच्ची कला निरन्तर हृदय को छूकर प्रस्तुत होती है। उसे कानों की जरूरत नहीं होती है।”

यह नाटक एक गुलाम लड़की की एक जुल्मी राजा को परास्त करके, सच्चे प्रेम के लिए आत्मबलिदान की कहानी है। यह कहानी सभी दृष्टि से जीवन के लिए पूरक है। इसे देखते समय प्राचीन राजशाही कितनी क्रूर एवं अराजक थी इसका दर्शन होता है। प्राचीन लगान-वसूली, कैदियों का जीवन और राजदरबार की एक-दूसरे के प्रति ईर्ष्या आदि प्रसंग मुख्य प्रेमकथा के साथ हू-ब-हू प्रस्तुत किए गए थे। प्रत्येक अभिनेता अपनी कला तन्मयता से प्रस्तुत कर रहा था। दिलाराम का चरित्र प्रस्तुत करनेवाली महिला तो साक्षात् कला का अवतार ही लग रही थी। चित्रकार को हृदय अर्पित करते समय का उसका अभिनय देखकर भावनाएँ उमड़ पड़ी थीं। जब उसे जोर-जबरदस्ती से रानी बनाया गया तब उसकी अदाकारी ने कलेजा मरोड़

दिया था। उस समय वह अपनी हर एक अदा से बता रही थी कि प्रेम बलपूर्वक नहीं किया जाता है और सच्चा प्रेम कभी मरता नहीं है। खामोशी से वह इसकी गवाही दे रही थी। यह नाटक देखकर बाहर आते ही कॉ. नबी ने पूछा, "नाटक कैसा लगा?"

मैंने जवाब दिया, "यह नाटक सच्चे प्रेम का एक भव्य स्मारक है और यह भव्य स्मारक सोवियत सरकार ने लाखों रूबल खर्च करके निर्मित किया है। यह देश कला का पीहर ही है!"

8

ताशकन्द से दिल्ली

रूस में मैंने वहाँ के लोगों के जीवन के कई स्तर देखे। उनका असीम उद्यम, विद्वत्ता और कला, साहित्य और उदात्त संस्कृति, यह सब देखकर मन दंग रह गया। हम जब दिल्ली से निकले थे तब हमारे प्रतिनिधिमंडल के कुछ सदस्य तटस्थ थे। सोवियत विरोधी पूँजीवादी प्रचार का साया हमारे मन पर हमेशा से था। समाजवाद कितनी उन्नति कर पाएगा? इस दुनिया में सभी लोगों को खुशहाल कोई भी नहीं कर सकता है। कहीं तो भी कमियाँ रह ही जाती हैं, ऐसा ही हमारा भी मानना था। लखनऊ के श्री पुष्कराज भट एक विचारवान व्यक्ति और विधायक हैं। बावजूद इसके वे कांग्रेसी विचारधारा के हिमायती हैं। कम्यूनिस्टों के सन्दर्भ में उनके विचार अनुकूल नहीं हैं। पर मन के वे बहुत उदार हैं। रूस की प्रत्येक चीज को वे बहुत ही चिकित्सकीय दृष्टि से देख रहे थे। मॉस्को तक आते-आते पुष्कराज मेरे मित्र बन गए। सत्ता कितनी भी चालाक हो पर वह गरीबी को नहीं छिपा सकती, गरीबी नग्न होती है और चारों ओर नजर आती है। इसलिए हम उसे देखने की कोशिश कर रहे थे। हमारे आगे किसी भी किस्म का फौलादी पर्दा नहीं था। पर जब हम यात्रा करते हुए

ताशकन्द शहर पहुँचे तब तक पुष्कराज पूर्णतः बदल चुके थे। रूस के लोगों की तरक्की देखकर हम सभी प्रभावित हुए थे। सिर्फ यात्रा ही हमारी दिनचर्या हो गई थी। मुझे रूसी भाषा की जानकारी नहीं थी, श्री पुष्कराज थोड़ा समझ पाते थे। कोई भी फलक दिखाई देने के बाद वहाँ रुककर वे रूसी अक्षर पढ़ते थे। मैं सिर्फ मुँह खोले देखता था। रूसी भाषा नहीं जानता, इसका मुझे मलाल था।

एक बार दोपहर के भोजन के बाद पुष्कराज और मैं, दोनों घूमते हुए एक बगीचे में पहुँचे। उस बगीचे में पन्द्रह-बीस आदमी हरियाली पर लेटे हुए थे। कुछ समाचार-पत्र पढ़ रहे थे। कुछ पत्र लिखने में रमे हुए थे। हमें लगा कि यह बेकारों का झुंड है, रोजगार की तलाश में परेशान हो रहे होंगे और अब इस बगीचे में आकर लेट गए होंगे। मैं एक आदमी के पास बैठ गया। अपनी तीक्ष्ण नजर से मैंने उस आदमी को गौर से देखा। उसने अपनी भूरे रंग की मूँछों को सँवारकर शानदार बनाया था। पहनावा साफ-सुथरा था। उसके पास एक बड़ी पुस्तक थी। मैंने पूछा, "आप ऐसे क्यों बैठे हो?"

"फिर कैसे बैठूँ?" उसने मुझसे पूछा। मैं असमंजस में पड़ गया। मैंने कहा, "तात्पर्य यह कि इस समय आप बगीचे में कैसे?"

"जैसे आप वैसे हम," उसने जवाब दिया। तब मैंने स्पष्ट किया कि, हम भारत से आए हैं, इंडो-सोवियत सांस्कृतिक संस्था के प्रतिनिधि हैं। अब मुझे बताइए कि, आप नौकरी कहाँ करते हैं, या बेरोजगार हैं?

जी भरकर हँसकर उस आदमी ने कहा, "हमने काफी नौकरी की है और अब सेवानिवृत्त होकर आराम कर रहे हैं। अब पत्र पढ़ना, परिजनों को पत्र लिखना यही काम करते हैं। हमारे देश में एक भी बेरोजगार आपको नहीं मिलेगा। यहाँ समाजवाद है।"

इसके बाद मैंने कुछ भी नहीं पूछा। हम दोनों तुरन्त उस बगीचे से निकल पड़े।

चलते-चलते पुष्कराज हर एक रूसी फलक को पढ़ने के लिए रुक जाते थे और पढ़ते थे। एक सुन्दर इमारत के सामने लाल रंग का एक बोर्ड दिखाई दिया। पुष्कराज रुककर वह पढ़ने लगे। हमेशा की तरह मैं उनकी ओर देखने लगा।

रास्ते पर आवागमन करनेवाले ताशकन्द के नागरिक रुककर हमें देखने लगे। पुष्कराज के वह फलक पढ़ने के बाद, मैंने उनसे हिन्दी में पूछा, "उस फलक पर क्या लिखा है?"

"यह बैंक है," पुष्कराज ने मुझे हिन्दी में जवाब दिया। तभी पास खड़ी एक युवती ने झट से आगे आकर हिन्दी में बताते हुए कहा, "यह बैंक नहीं है बल्कि हमारी स्थायी चुनाव कचहरी है।" यह स्पष्टीकरण सुनते ही हमारे चेहरे उतर गए और हम वहाँ से निकल पड़े।

दूसरे दिन ताशकन्द के नजदीक ही 'स्तालिन सामुदायिक खेती' देखी। वह सामुदायिक खेती, यानी एक अलग राज्य ही है और एक प्रकार का अजूबा भी है। इस खेती की स्थापना 1929 ई. में हुई, उस वक्त मात्र तीन सौ तीस एकड़ जमीन का स्वामित्व इस खेती के पास था। 1934 ई. में इस खेती के काम के लिए मात्र दो ट्रैक्टर थे। किन्तु आज एक हजार पाँच सौ हेक्टेयर जमीन का स्वामित्व इस खेती के पास है और अब यहाँ काम करने के लिए चौंतीस ट्रैक्टर हैं। एक हजार एक सौ चार किसान यहाँ काम करते हैं। उन्हीं में चार सौ पचहत्तर महिलाएँ हैं। इस खेती में चार पाठशालाएँ हैं। दो हजार पाँच सौ मुर्गियाँ हर दिन अंडों का अम्बार लगा देती हैं। ग्यारह सौ पालतू गायों का दूध निकालने के लिए, यहाँ पर कई दूध केन्द्र बनाए गए हैं। सोलह गायें एक ही कतार में आकर दूध देती हैं। इस खेती के स्वामित्व में सात हजार पाँच सौ भेड़ें हैं। यहाँ पर तीन सौ पचहत्तर मकान हैं और माल के परिवहन के लिए बीस मोटर ट्रक्स हर दिन दौड़ते रहते हैं। इसके अलावा हाईस्कूल, दवाखाना,

जानवरों का दवाखाना, प्रसूतिगृह आदि सब देखने के बाद आदमी दंग रह जाता है।

हम जब गए थे तब अंगूर की खेती में बहार आई हुई थी और वे पक गए थे। काले, जामुनी, गुलाबी, बेढंगे, लम्बे आकार के ऐसे पन्द्रह किस्म और आकार देखने के बाद सोवियत कृषि सुधार की संस्तुति नहीं बल्कि आश्चर्य प्रतीत होता है। सुन्दर अंगूर का आस्वाद लेते, निगलते हुए हम उसकी प्रशंसा कर रहे थे। वह सुन्दर, सम्पन्न खेती, सुन्दर फल, फूल और उन खुशहाल लोगों को देखते हुए हम एक भव्य मंडप के नीचे पहुँच गए। वह मंडप अंगूर की बेलों से आच्छादित था। चारों ओर पके अंगूरों के गुच्छे लटक रहे थे। मंडप के नीचे हमारे भोजन की व्यवस्था की गई थी। एक सुन्दर मेज पर कई प्रकार के व्यंजन सजाकर रखे गए थे। उसमें खास भारतीय मसालों की महक आ रही थी। उस महक के कारण हमें अपने घर की याद आ गई। इस भोजन के औचित्य पर उस खेती के अध्यक्ष ने एक भावपूर्ण भाषण दिया। हमारा स्वागत किया और कहा, "आप हमारे पड़ोसी हैं, शान्ति दूत हैं। आपके प्रधानमंत्री पं. नेहरू आज शान्ति प्रस्थापित करने के लिए बेहद प्रयास कर रहे हैं। तात्पर्य यह कि आपका और हमारा लक्ष्य एक ही है। यदि आप से मित्रता चिरकाल रहेगी तो विश्व में कभी भी युद्ध नहीं होगा, ऐसी हमारी आस्था है। इसलिए भारत-रूस दोनों चिरायु हों।"

रूस में मैंने देखा, प्रत्येक आदमी पर शान्ति का नशा चढ़ा हुआ है। इसका मतलब यह नहीं है कि वहाँ की जनता दुर्बल है। वहाँ के लोग महान और शक्तिशाली हैं। भारत और रूस इन दो देशों के हाथों में विश्वशान्ति सुरक्षित है, वहाँ के लोगों की यह धारणा है। वहाँ की वृद्ध माँएँ सोचती हैं कि अपने बच्चे अकारण युद्ध में नहीं मरने चाहिए और किसी को मारना भी नहीं चाहिए। वे अपना जीवन जीएँ और इस देश को समृद्ध करें। हमें शान्ति

चाहिए क्योंकि शान्ति के समय में ही जीवन में बहार आती है। कला विकसित होती है। फूल खिलते हैं। यह हमारा अनुभव है। युद्ध के परिणामों को हमने देखा है, इसलिए हमें युद्ध नहीं चाहिए। तात्पर्य यह कि शान्ति प्रस्थापित करनेवाले हमारे प्रधानमंत्री को समग्र रूस की जनता लाख-लाख दुआएँ दे रही है। रक्तपात नहीं सब का मंगल हो, यही लक्ष्य है। इस लक्ष्य में अहंकार नहीं है। वृथा अभिमान नहीं है। मेरा तो मानना है कि इसका मकसद पवित्र है और इसमें सबका कल्याण समाया है। रूस की जनता भारत को सच्चा मित्र मानती है, इसलिए वे भारतीय संस्कृति का बारीकी से अध्ययन कर रहे हैं।

ताशकन्द में हमने एक पाठशाला देखी। वहाँ के सभी बच्चे हिन्दी भाषा पढ़ रहे थे। पाठशाला में दाखिल होते ही हमें भारतीय परिवेश का एहसास हुआ। हर एक बच्चा हर एक शब्द का उच्चारण हिन्दी में कर रहा था, इसलिए मैं डर गया था। चूँकि मेरी हिन्दी मुम्बई की हिन्दी थी, कोई उच्चारण गलत हुआ तो ये चालाक बच्चे मेरे ऊपर हँसेंगे, इसका मुझे डर लग रहा था। इसलिए मैं बहुत कम बातें कर रहा था। उसी दिन हम ताशकन्द विद्यालय गए। उस समय वहाँ के विशाल सभागृह में बहुत भीड़ जमा हुई थी। हमें पहुँचने में थोड़ी देर हुई थी किन्तु वे गुणवान छात्र हम पर गुस्सा नहीं हुए। सभागृह में पहुँचते ही सभी लड़के-लड़कियों ने खड़े होकर तालियों से हमारा स्वागत किया। एक सुन्दर लड़की ने मुझे लाल गुलाब के फूल दिए और कहा, "ये हमारे देश के फूल आप भारत ले जाइए और भारत की आजादी के लिए जिन वीरों ने आत्मबलिदान किया है, उनके समाधि स्थल पर अर्पण कीजिए..." उस लड़की का वह सन्देश और वे फूल देखकर मेरे कलेजे में एक टीस उठी। भारत ने आजादी हासिल की है। इसे दुनिया ने और रूस ने बहुत ही महत्त्वपूर्ण माना है। इस महिमा की प्रतीति हुई।

रूस के लोगों को स्वतंत्रता शब्द बहुत ही प्रिय है। स्वतंत्र लोगों के प्रति उनके मन में बहुत प्रेम है और जो लोग गुलामी की बेड़ियों से जकड़े हुए हैं, उनके प्रति अत्यन्त आदर एवं आस्था है। आया-आया कहते हुए वह दिन आ ही गया! अपनी मातृभूमि की ओर प्रस्थान करने की हमारी तैयारी पूर्ण हुई। सोवियत जेट विमान तैयार था और मेरा हृदय घबड़ा गया। कॉ. बान्निकोव, श्रीमती ईराना, मॉक्सीवोव, कॉ. नबी मोहम्मद ये लोग विमान की सीढ़ी तक आए। सबका हृदय मचल रहा था। आँखें नम हो गई थीं। मैं आँसू छिपा रहा था। हम दृढ़ता से गले मिले। वह अन्तिम भेंट थी। उस महान देश का अन्तिम दर्शन था। मैंने अन्त:करण की टीस को दबाने का बहाना बनाया। यूँ ही जेब टटोली और कहा, "अरे! सिगरेट खत्म हो गई! सिर्फ बीस ही हैं!" तब मुझे गले लगाते हुए मॉक्सीवोव ने कहा, "यह रूसी जेट विमान है। आपकी दो सिगरेट खत्म होने से पहले यह आपको राजधानी में पहुँचा देगा।" मैंने आश्चर्य से देखा और उन्होंने फिर से कहा, "यह सीधे आपको हिमालय के ऊपर से ले जाएगा।" अब हम अपने हिमालय से अपनी मातृभूमि में पहुँचेंगे, इस कल्पना से मैं अभिभूत हो गया। कॉ. बान्निकोव ने मुझे अपनी तरफ से सुन्दर पेन दिया। वह पेन, वह मधुर स्मृति और उस महान देश का अन्तिम दर्शन कर विमान ने उड़ान भरी। उसकी खौफनाक छलांग शुरू हुई।

इस समय मन में अलग ही भाव उमड़ रहे थे। ग्यारह वर्ष की आयु में, मैं मुम्बई पहुँच रहा था। हमारा परिवार पड़ाव बदलते हुए, हर कोस गिनते हुए मुम्बई की ओर कूच कर रहा था। किराए के लिए पैसे नहीं थे, इसलिए हम पैदल मुम्बई जा रहे थे। चल-चल कर मेरे पैरों में सूजन आ गई थी। दो सौ सत्ताईस मील की दूरी पार करने में हमें दो महीने लगे थे। और अब मैं दो मिनट में दस मील छलाँग लगा रहा था। तीस हजार फुट से भी ज्यादा ऊँचाई पर से

हमारा विमान उड़ान भर रहा था। मैं नीचे देख रहा था। हिमालय के मस्तक पर प्रकृति ने हिमवर्षा का आरम्भ कर दिया था। और वह महान गिरिराज हमारी सरहद पर अपने अनन्त बाहु फैलाकर दृढ़ता से खड़ा था। उस का वह रूप और सोवियत रूस की स्मृति को मैं कभी नहीं भूलूँगा। नहीं, उसे भूलना असम्भव है। रूस की यात्रा को मैं अपने जीवन की सफलता मानता हूँ।

मैं महसूस कर रहा था कि मातृभूमि का आकर्षण बढ़ रहा है। उसी धुन में मैंने एक सिगरेट पी डाली और दूसरी जला ली, इतने में लाल पाटी चमक उठी और दिल्ली के दर्शन होने लगे।

माझा रशियाचा प्रवास (मेरी रूस यात्रा) किताब का मुखपृष्ठ

मॉस्को नदी 19वीं शताब्दी में

मॉस्को शहर

रेड स्क्वायर, मॉस्को

बोल्शोई थिएटर, मॉस्को

मॉस्को स्टेट यूनिवर्सिटी का मुख्य भवन

मायाकोवस्काया मेट्रो स्टेशन, मॉस्को

ब्लादिमीर द ग्रेट का बोरोवित्स्काया स्क्वायर स्थित 17.5 मीटर ऊँचा स्मारक, मॉस्को

प्लॉसचाड के पॉबडी में लेनिनग्राड के वीर रक्षकों के लिए स्मारक, मॉस्को

बाकू टॉवर

पोकलोनाया गोरा, मॉस्को

ऐतिहासिक सोवियत शहर

भारत का दूतावास, मॉस्को

रूसी क्रान्ति के प्रणेता लेनिन

विरोध करते हुए क्रान्तिकारी (फरवरी, 1917)

23 मार्च, 1917 ई. में पेत्रोग्राद में मारे गए लोगों कही शवयात्रा

लेनिनग्राड की एक तस्वीर

जार निकोलस और उनका परिवार

स्पैस्की पुल पर किताबों की दुकानें

अन्तरराष्ट्रीय सर्वहारा की एकता का प्रतीक हथौड़ा और हँसिया

रूस यात्रा में अण्णा भाऊ साठे एवं शिष्टमंडल

भारतीय डाक विभाग द्वारा 1 अगस्त, 2001 को अण्णा भाऊ साठे की स्मृति में जारी डाक टिकट।